LA PRETENSIÓN PROCESAL

LA PRETENSIÓN PROCESAL

Antonio María Lorca Navarrete

Catedrático de Derecho Procesal

INSTITUTO VASCO DE
DERECHO PROCESAL

© 2024 Antonio María Lorca Navarrete

© 2024 Atelier
      Santa Dorotea 8, 08004 Barcelona
      e-mail: atelier@atelierlibros.es
      www.atelierlibrosjuridicos.com
      Tel. 93 295 45 60

I.S.B.N.: 978-84-10174-87-0
Depósito legal: B 17193-2024

Diseño y composición: Addenda, Pau Claris 92, 08010 Barcelona
                www.addenda.es

Impresión: SAFEKAT

A Jaime Guasp
In Memoriam

Sumario

JUSTIFICACIÓN

Una de las aportaciones más sobresalientes de la ley de enjuiciamiento civil, sin precedentes en la pretérita legislación procesal española, ha consistido en regular la pretensión procesal.

Su importancia estriba en que con su ejercicio se podrá pretender de los tribunales tutela jurisdiccional mediante su ejercicio inclusivo al ser un derecho que se reconoce a todas las personas entendido como un imperativo de orden público procesal que habilita, con carácter general, a que el tribunal ampare cualquier clase de tutela jurisdiccional que esté expresamente prevista por la ley.

Su trascendental irrupción en la ley de enjuiciamiento civil obliga a su definitiva delimitación conceptual respecto del derecho de acción como concepto constitucional, así como del derecho de acción como derecho subjetivo por lo que se hace imprescindible su vivificación que expulse de su ámbito los conceptos que la usurpan.

San Sebastián, agosto de 2022
Prof. Dr. Dr. Dr. h. c. mult. Antonio María Lorca Navarrete
Director del Instituto Vasco de Derecho Procesal
Catedrático de Derecho Procesal de la Universidad
del País Vasco/EHU
C. electrónico: secretaria @leyprocesal.com;
institutovascoderechoprocesal@leyprocesal.com

CAPÍTULO I
LA PRETENSIÓN PROCESAL EN LA LEY DE ENJUICIAMIENTO CIVIL

1. INTRODUCCIÓN

Todo lo que afecta al derecho procesal es susceptible de ser contemplado desde muy diversas vertientes siendo, posiblemente, el concepto de pretensión procesal una de esas nociones de la normativa procesal que se presta a ser examinada a través de propuestas de muy variada índole. Que así suceda se debe a que, históricamente, el anidamiento de la pretensión procesal en el derecho procesal ha provocado dificultades de comprensión que obligan a realizar un examen particularizado de la misma para ubicarla en el preciso contexto en el que encontrar su justificación.

El tránsito histórico de la pretensión procesal a través de nuestro derecho procesal no ha sido afortunado. Su desolación, pesadumbre y aislamiento, que aún hoy es patente, no es nuevo porque «en el ámbito del proceso ha habido figuras que durante largo tiempo han mantenido una primacía intelectual muy discutible y otras, en cambio, han quedado escondidas[1], al margen de la atención de los estudiosos, prestando su savia

---

1. Según Guasp, J., *La pretensión procesal,* en Anuario de Derecho Civil, vol. 5, núm. 1 (1952), pág. 8. También se puede consultar Guasp, J., *La pretensión procesal.* Cuadernos Civitas con prólogo de Alonso Olea. 1ª Edición 1981. En la cubierta interior del libro se puede leer: «Esta primera edición en forma de

esencial a otros falsos conceptos y convirtiéndose ellas en vanas sombras». Porque «lo verdaderamente extraño dentro de la ciencia del proceso (...) es, sobre todo, que la anormalidad ha venido a recaer sobre una idea absolutamente vital para la construcción del instituto mismo del proceso y que, por lo tanto, el fenómeno de perturbación jerárquica ha incidido esta vez en la misma médula o entraña de la disciplina. Mientras que nociones más o menos importantes han hecho alegremente su carrera en la evolución científica del derecho procesal, otras han sido conservadas en un permanente y extraño silencio[2] tanto más difícil de explicar cuanto que la observación exacta de la realidad procesal clamaba a gritos por su auténtica entronación. Este ha sido claramente el destino[3] de la pretensión procesal en cuanto concepto jurídico»[4]. Estas expresivas indicaciones sobre la pretensión procesal, realizadas en 1952[5], son aún una lamentable realidad.

Que así ocurra se debe a que no son excesivas las indicaciones doctrinales en las que está presente el estudio de la pretensión procesal de tutela jurisdiccional aun cuando, el artículo 5

---

libro reproduce el texto publicado en el fascículo I del tomo V del Anuario de Derecho Civil, enero-marzo de 1952».

2. Según Guasp, J., *La pretensión procesal,* en Anuario de Derecho Civil, vol. 5, núm. 1 (1952), pág. 8.

3. Según Guasp, J., *La pretensión procesal,* en Anuario de Derecho Civil, vol. 5, núm. 1 (1952), pág. 8.

4. En términos similares y siguiendo a Guasp, se expresa González Pérez cuando dice que «el concepto de pretensión ha permanecido largo tiempo olvidado por la Ciencia procesal. La razón de este fenómeno radica en que otras figuras distintas han desempeñado la misión que a aquélla correspondía. Estas figuras que, durante mucho tiempo, han suplantado a la pretensión procesal, no son otras que las de acción y demanda, que han ocupado un lugar destacado en todos los tratados de Derecho procesal». González Pérez, J., *La pretensión procesal administrativa,* en Revista de administración pública, núm. 12 pág. 77, 78. Disponible en: file:///C:/Users/Antonio/Downloads/Dialnet-LaPretensionProcesalAdministrativa-2111937%20(2)%20(2).pdf.

5. Por Guasp, J., *La pretensión procesal,* en Anuario de Derecho Civil, vol. 5, núm. 1 (1952), pág. 8.

de la ley de enjuiciamiento civil, opta decididamente por su novedosa implantación sin precedentes en la historia del derecho procesal español. Incluso, el legislador de la exposición de motivos de la ley de enjuiciamiento civil, con una frivolidad rayana en la simpleza, se supera en ignominia respecto de su realidad existencial al no dedicarle ni una sola de sus indicaciones a la aportación, ciertamente sobresaliente que, a nivel metodológico, ha supuesto el reconocimiento que él mismo realiza de la pretensión procesal. La pretensión procesal se siente afligida ante el posicionamiento de ese legislador.

Al legislador de la exposición de motivos de la ley de enjuiciamiento civil sólo parece preocuparle, cuando redacta esa exposición, el uso lingüístico de la expresión «pretensión procesal» respecto del uso, igualmente lingüístico, que se puede hacer de la expresión «acción» «y, por ello —dice la exposición de motivos de la ley de enjuiciamiento civil—, no se considera inconveniente, sino todo lo contrario, mantener diversidades expresivas para las mismas realidades, cuando tal fenómeno ha sido acogido tanto en el lenguaje común como en el jurídico. Así, por ejemplo (…), se emplea en unos casos los vocablos *"pretensión"* o *"pretensiones"* y, en otros, el de *"acción"* o *"acciones"*[6] como aparecían en la Ley [de enjuiciamiento civil] de 1881 y en la jurisprudencia y doctrina posteriores, durante más de un siglo, sin que ello originara problema alguno» (apartado IV de la exposición de motivos de la ley de enjuiciamiento civil)[7].

---

6. La cursiva es mía.

7. Ese uso indiscriminado de la «acción», confundida con la «pretensión», se encuentra igualmente en la legislación venezolana. Según Zamora Hernández, «el ordenamiento jurídico venezolano, en muchas situaciones emplea los términos acción, pretensión y demanda sin distinguirlos claramente, atendiendo a las diferencias que entre los mismos existen y que han sido producto de largas discusiones doctrinales. Efectivamente, algunos textos legales, en ocasiones usan correctamente dichos términos mientras que, en otras, no solamente los confunden, sino que, dentro de una misma ley, son usados para aludir a conceptos distintos». Añade Zamora Hernández que «la jurisprudencia del máximo tribunal

No cabe duda. Para el legislador de la ley de enjuiciamiento civil de 1881, la pretensión procesal «venía a yacer[8] en un indefinido mutismo ajeno al progreso de la ciencia que ella misma sustentaba» lo que llevó a afirmar[9] que, «el concepto de pretensión procesal, es desgraciadamente un concepto preterido». Y, otro tanto, es posible decir del legislador de la exposición de motivos de la ley de enjuiciamiento civil. Pero que, no obstante, y «si algún defecto puede hallarse a la obra de Guasp es precisamente[10] su profundo carácter innovador».

2. LA PRETENSIÓN PROCESAL

No cabe duda que la pretensión procesal, que en su momento se diseñó[11], posee su encuadre normativo en el artículo 5 de la ley de enjuiciamiento civil. Mediante una contribución normativa inédita para la pretérita legislación procesal civil, el artí-

---

de la república, al igual que la legislación venezolana, ha incurrido en la confusión entre acción y pretensión, diferenciando tipos de acciones, cuando en realidad deberían referirse a la índole de la pretensión». Zamora Hernández, R., *Acción, pretensión y demanda en el derecho procesal venezolano.* 2017, pág. 20, 23.

8. Según Guasp, J., *La pretensión procesal,* en Anuario de Derecho Civil, vol. 5, núm. 1 (1952), pág. 9.

9. Por Guasp, J., *La pretensión procesal,* en Anuario de Derecho Civil, vol. 5, núm. 1 (1952), pág. 9.

10. Según Serra Domínguez. M., *Jurisdicción, acción y proceso.* Atelier Libros Jurídicos. Barcelona 2008, pág. 217. Sigue diciendo Serra Domínguez que «la doctrina extranjera, con una rara excepción, ha pretendido ignorar dicha obra, manifestando simplemente que ha llegado a resultados inaceptables, pero sin justificar en absoluto tal afirmación, contraria a la misma realidad. Contrasta esta ignorancia extranjera, sólo explicable por el carácter innovador de la doctrina de GUASP, con la expectación que ha despertado en nuestra patria, tanto por parte de sus adeptos, cuanto por sus contradictores». Serra Domínguez. M., *Jurisdicción, acción y proceso.* Atelier Libros Jurídicos. Barcelona 2008, pág. 217.

11. Por Guasp, J., *La pretensión procesal,* en Anuario de Derecho Civil, vol. 5, núm. 1 (1952).

culo 5.1. de la ley de enjuiciamiento civil aborda un nuevo diseño de la pretensión procesal con la que «se podrá pretender de
los tribunales» una de las «*Clases de tutela jurisdiccional*»[12] que
regula.

Para comprender esta innovadora aportación de la pretensión procesal que, sin duda, constituye una de las aportaciones
más sobresalientes de la ley de enjuiciamiento civil, es preciso
referirse a sus características tal y como son reguladas, ahora,
por la propia ley de enjuiciamiento civil.

En primer lugar, la pretensión procesal se justifica en la libre disposición de la parte y, por tanto, responde a la aplicación del principio dispositivo ya que la parte la «podrá pretender de los tribunales» (artículo 5.1. de la ley de enjuiciamiento
civil). Para la ley de enjuiciamiento civil, la pretensión procesal
es el derecho de poder pretender de los tribunales tutela jurisdiccional de las «*Clases de tutela jurisdiccional*»[13] que regula el
artículo 5 de la ley de enjuiciamiento civil.

En segundo término, con la pretensión procesal «se podrá
pretender de los tribunales» tutela jurisdiccional» siempre que
se justifique en el principio de legalidad procesal (artículo 1 de
la ley de enjuiciamiento civil).

En tercer lugar, el destinatario natural de la pretensión procesal es el tribunal del que «se podrá pretender» una de las
«*Clases de tutela jurisdiccional*»[14] que regula la ley de enjuiciamiento civil siempre «que sea competente y frente a los sujetos
a quienes haya de afectar la decisión pretendida» (artículo 5.2.
de la ley de enjuiciamiento civil).

En cuarto lugar, la pretensión procesal tiene por objeto alguna de las «*Clases de tutela jurisdiccional*»[15] que regula la ley
de enjuiciamiento civil.

---

12. Rúbrica del artículo 5 de la ley de enjuiciamiento civil.
13. Rúbrica del artículo 5 de la ley de enjuiciamiento civil.
14. Rúbrica del artículo 5 de la ley de enjuiciamiento civil.
15. Rúbrica del artículo 5 de la ley de enjuiciamiento civil.

En quinto lugar, con las «*Clases de tutela jurisdiccional*»[16] que «se podrá pretender de los tribunales» (artículo 5.1. de la ley de enjuiciamiento civil), la pretensión procesal permite adentrarse en la proyección funcional del proceso «con todas las garantías» procesales (artículo 24.2. de la Constitución) mediante el ejercicio de la función jurisdiccional constitucional (artículo 117.3. de la Constitución) sin tener que identificarla con el derecho constitucional de accionar[17] ya lo sea en su versión concreta o en su versión abstracta (artículo 24 de la Constitución) ni con la «acción» entendida como derecho del sujeto o derecho subjetivo[18].

---

16. Rúbrica del artículo 5 de la ley de enjuiciamiento civil.

17. Dice González Pérez, siguiendo a Guasp, que «el concepto de acción es irrelevante para el Derecho procesal» de modo que «para evitar confusiones, se emplea el término de pretensión procesal, reservando la palabra acción para el poder o derecho —concepto extraprocesal— de promover la actividad jurisdiccional del Estado». González Pérez, J., *La pretensión procesal administrativa,* en Revista de administración pública, núm. 12 pág. 84. Disponible en: file:///C:/Users/Antonio/Downloads/DialnetLaPretensionProcesalAdministra tiva-2111937%20(2)%20(2).pdf.

18. Dice González Pérez que «la primera concepción de la acción que puede señalarse en el tiempo es la llamada monista o, también, civilista u obligacionista. Fue la predominante hasta mediados del siglo XIX. Identifica la acción con el derecho material; la acción es —se decía— un derecho puesto en movimiento. SAVIGNY incurrió en esta confusión; para él, la acción es un derecho nuevo, pero cuyo nacimiento depende de la violación de otro derecho. En la doctrina española, MANRESA cree correlativos los términos de acción y derecho, siguiendo la doctrina más antigua, y PRIETO CASTRO, desde la Revista General de Legislación y Jurisprudencia, ha afirmado que «tenemos que volver a meditar si CELSO, tal como habla en el Digesto *(Nihil aliud est actio quam ius quod debetur iudicio persequendi),* resulta estar más cerca de la verdad que WACH, los DEGENKOLB, los PLOZS, etc. Esta concepción es la que ha inspirado —según González Pérez— a nuestra legislación civil: la sigue el código civil, entre otros, en los artículos 44, 348, 1.141, 1.144, 1.186 y 1.206; ...». Sigue diciendo González Pérez que «los autores modernos opinan que la nota de perseguibilidad judicial debe eliminarse del contenido del derecho subjetivo, ya que son conceptos autónomos: puede iniciarse un proceso sin valerse de la asistencia de un derecho (...) o fundado en varios derechos, y, a su vez, hay derechos sin acción —derechos de obligaciones naturales— y derechos con varias acciones —letras de cambio,

En sexto lugar, las «*Clases de tutela jurisdiccional*»[19] que «se podrá pretender de los tribunales» (artículo 5.1. de la ley de enjuiciamiento civil) son las que permiten acceder al núcleo irreductible de garantías procesales del proceso al garantizar la pretensión procesal, mediante su ejercicio, ese acceso a las «*Clases de tutela jurisdiccional*» a través de un proceso «con todas las garantías» procesales (artículo 24.2. de la Constitución).

En séptimo lugar, con el ejercicio de la pretensión procesal no se discriminan las «*Clases de tutela jurisdiccional*»[20] que «se podrá pretender de los tribunales» (artículo 5.1. de la ley de en-

---

con acciones cambiarías y ordinarias—. La autonomía de la acción en sentido procesal nació, como ya es de sobra sabido, de una famosa polémica entre WINDSCHEID y MUTHER. La acción en sentido procesal se configuró como "poder protegido", como derecho subjetivo, y en razón al contenido de este derecho autónomo, han surgido muy diversas posiciones: a') La acción como derecho de carácter concreto: el contenido de tal derecho viene integrado por la conducta que en cada caso concreto cabe exigir del sujeto pasivo. Dentro de esta dirección, cabe distinguir dos posiciones: a'') La acción como *Rechtsschutzanspruch* (pretensión de tutela de derecho): el sujeto pasivo es el órgano jurisdiccional. Su fundador fue WACH, y le siguieron PLANCK, STEIN y HELWIG. b'') La acción como derecho potestativo —dirigido a dar vida a la condición necesaria para la actuación de la ley— que corresponde frente al adversario, el cual queda "sujeto", no "obligado", por los efectos de la actuación jurisdiccional. Esta es la doctrina de CHIOVENDA, de influencia notoria en nuestra patria, incluso en el Tribunal Supremo. b') La acción como derecho de carácter menos concreto: se distingue por estas dos características: este derecho, en su contenido concreto, sólo se presenta iniciando el proceso —sin proceso no cabe hablar de derecho a una sentencia—, y su contenido no es una sentencia favorable (*Rechtsschutz*), sino una sentencia justa; frente a las posiciones anteriores, el derecho en que la acción consiste pierde concreción. Esta es la doctrina de BÜLOW. c') La acción como derecho de carácter abstracto. Para esta dirección, ni siquiera se tiene derecho a una sentencia justa, sino meramente a una sentencia de contenido *a priori* indeterminado, que corresponde a cualquiera que acude a los Tribunales de justicia». González Pérez, J., *La pretensión procesal administrativa,* en Revista de administración pública, núm. 12 pág. 78, 79, 81, 82. Disponible en: file:///C:/Users/Antonio/Downloads/Dialnet-LaPretensionProcesalAdministrativa-2111937%20(2)%20(2).pdf.
19. Rúbrica del artículo 5 de la ley de enjuiciamiento civil.
20. Rúbrica del artículo 5 de la ley de enjuiciamiento civil.

juiciamiento civil). Tampoco, es discriminada por el tribunal porque la ley de enjuiciamiento civil ni discrimina su uso ni su uso es indiscriminado por parte del tribunal al otorgar tutela jurisdiccional en el modo en que es diseñada por el artículo 5.1. de la ley de enjuiciamiento civil. La pretensión procesal es inclusiva.

En octavo lugar, la pretensión procesal se regula en la ley de enjuiciamiento civil como una cláusula general que habilita, desde la perspectiva de las «*Clases de tutela jurisdiccional*»[21] que «se podrá pretender de los tribunales», tutela jurisdiccional (artículo 5.1. de la ley de enjuiciamiento civil). Entendida esa habilitación como un imperativo de orden público procesal que obliga al tribunal a amparar[22].

En noveno lugar, la cláusula general, que habilita para obtener las diversas «*Clases de tutela jurisdiccional*»[23], se concreta en la pretensión procesal declarativa, ejecutiva, cautelar, así como en «cualquier otra clase de tutela que esté expresamente prevista por la ley»; siendo la pretensión procesal declarativa la que se presta a ser inventariada como declarativa de condena, declarativa constitutiva y meramente declarativa (artículo 5.1. de la ley de enjuiciamiento civil).

En décimo lugar, la cláusula general, que habilita para obtener las diversas «*Clases de tutela jurisdiccional*»[24] mediante el ejercicio de la pretensión procesal, no cierra el paso a que existan otras clases de tutela no expresamente previstas por el

---

21. Rúbrica del artículo 5 de la ley de enjuiciamiento civil.
22. Dice Guasp que «todos los conceptos básicos de la institución procesal (...) vienen a reconducirse a la idea de pretensión procesal, a girar en torno a ella, alcanzando precisamente por su relación con esta idea su verdadero sentido. Ello demuestra el enorme valor sistemático del concepto de la pretensión procesal, el cual, no sólo es, en cada proceso concreto, el objeto de la figura jurídica creada, sino que, además, presenta la idea unitaria que reduce a armonía la compleja diversidad de las actividades procesales». Guasp, J., *La pretensión procesal,* en Anuario de Derecho Civil, vol. 5, núm. 1 (1952), pág. 54.
23. Rúbrica del artículo 5 de la ley de enjuiciamiento civil.
24. Rúbrica del artículo 5 de la ley de enjuiciamiento civil.

artículo 5 de la ley de enjuiciamiento civil, pero siempre que, esa otra clase de tutela jurisdiccional, «esté expresamente prevista por la ley» sin que el artículo 5.1. de la ley de enjuiciamiento civil indique cuál pueda ser esa ley que autorice esa «otra clase de tutela».

En definitiva, la pretensión procesal es un derecho de la parte de justificación dispositiva[25] con el que se podrá pretender tutela jurisdiccional sujeta al principio de legalidad que tiene por destinatario un tribunal siempre que sea competente y los sujetos a quienes haya de afectar[26] y cuyo objeto es alguna de las clases

---

25. Decía Guasp que «la petición que encierra toda pretensión procesal es, pues, siempre una declaración de voluntad que solicita que se haga algo jurídico, esto es, que se operen o se manejen situaciones estrictamente de derecho. Cabe, a este respecto —según Guasp— formular muchas clases de peticiones. La primera distinción que hay que establecer en este punto es aquella en virtud de la cual se agrupan las peticiones posibles en dos grandes apartados, según que lo solicitado sea la emisión de una declaración de voluntad por el Juez o la realización de una conducta física por el Juez distinta del mero declarar: en el primer caso hablaremos de peticiones y, por ende, de pretensiones de cognición o declarativas, y en el segundo caso hablaremos de peticiones y, por ende, pretensiones de ejecución o ejecutivas». Guasp, J., *La pretensión procesal,* en Anuario de Derecho Civil, vol. 5, núm. 1 (1952), pág. 46, 47.

26. Respecto de esos sujetos se ha dicho que plantean «resistencias». Montero Aroca dice que «como par alternativo de la pretensión aparece la noción de resistencia» que «es la petición que el demandado dirige al órgano jurisdiccional como reacción a la pretensión formulada contra él por el demandante». Montero Aroca, J., *et al. El nuevo proceso civil (Ley 1/2000).* Tirant Lo Blanch Tratados. 2000. pág. 188. También Montero Aroca, J., *El proceso civil. Los procesos ordinarios de declaración y de ejecución.* 2°. Edición. Tirant Lo Blanch Tratados. 2016. pág. 564. También Sanchís Crespo alude a la existencia de la «resistencia» del demandado. Sanchís Crespo, C., *et al. Derecho procesal I Jurisdicción, acción y proceso.* Thomson Reuters Aranzadi. 2021, pág. 88. Y, de igual modo, la «resistencia» del demandado es patrocinada por Esparza Leibar. Esparza Leibar, I., *et al. Proceso civil. Derecho procesal II.* Tirant Lo Blanch. Manuales. Valencia 2021, pág. 144.

Conviene tener presente que cuando el demandado narra los hechos con los que contesta digitalmente a los narrados por el actor/demandante, no se resiste, ni plantea una denominada resistencia. No existe ni se regula por la ley de enjuiciamiento civil manual de resistencia alguno. El demandado narra unos

de tutela jurisdiccional que regula la ley de enjuiciamiento civil con la que es posible adentrarse en la proyección funcional del proceso y en el núcleo irreductible de sus garantías procesales y que, al ser inclusiva, es un derecho que se reconoce a todas las personas de pretender tutela jurisdiccional entendido como un imperativo de orden público procesal que habilita, con carácter general, a que el tribunal ampare cualquier clase de tutela jurisdiccional que esté expresamente prevista por la ley ya que, de lo contrario, se origina un desorden público procesal.

3. LA PRETENSIÓN PROCESAL CLAVE DE BÓVEDA QUE DEFINE LA TUTELA JURISDICCIONAL QUE SE PRETENDE DEL PROCESO

La pretensión procesal, tal y como es diseñada por el artículo 5 de la ley de enjuiciamiento civil, es, sin duda, una de las aportaciones más destacadas de la ley de enjuiciamiento civil. Es la clave de bóveda que sustenta toda la arquitectura del proceso. La pretensión procesal «engendra[27] un proceso» que no se

---

hechos en correcta correlación con los narrados por el actor/demandante con el fin de obtener, al igual que él, tutela jurisdiccional de conformidad con lo dispuesto en el artículo 5 de la ley de enjuiciamiento civil según el principio *nemine laedere alter sine contraditionis*. El demandado, cuando narra los hechos con los que contesta digitalmente a los narrados por el actor/demandante, no resiste, ni se resiste a contestar a la demanda. Su narración es un imperativo —no un manual de resistencia— con el que consolida el orden público procesal —no, el desorden público procesal— con el que «aducir» (artículo 405.3. de la ley de enjuiciamiento civil) «las excepciones procesales y demás alegaciones que pongan de relieve cuanto obste a la válida prosecución y término del proceso mediante sentencia sobre el fondo» (artículo 405.3. de la ley de enjuiciamiento civil) con el fin de diferir —de *differe*— o retrasar la tramitación del *buen fondo* de la demanda y de las pretensiones que con ellas se plantean o de oponerse perentoriamente —de *perimere* o hacer perecer— al ejercicio de la pretensión procesal que, de igual, modo, se plantea en la demanda.
27. Según Guasp, «al decir que la pretensión engendra un proceso no quiere defenderse con ello que la pretensión sea un precedente cronológico de todo

aloja[28] en «mundos radicalmente dispares a la demanda» puesto que «la demanda[29] es una actividad de iniciación de un proceso que, o encierra dentro de sí la pretensión procesal, o viene referida a una pretensión que más tarde se formulará»[30]. La importancia, que es preciso atribuir a la pretensión procesal, estriba en que el legislador la ubica en la mismísima apertura normativa de la ley de enjuiciamiento civil con la finalidad, sin duda confesada, de que la pretensión procesal defina las señas de identidad del proceso que procede a diseñar al ubicarla, nada más iniciada su normativa regulatoria, en el Título I rubricado «*De la comparecencia y actuación en juicio*» dentro de su Libro I rubricado, a su vez, «*De las disposiciones generales relativas a los juicios civiles*».

Acorde con la posición topográfica de la pretensión procesal en la ley de enjuiciamiento civil, es posible concluir que la pretensión procesal es la clave de bóveda que define la tutela jurisdiccional que se pretende del proceso. Sin pretensión procesal que ejercitar no es posible proceder a definir la tutela jurisdiccional que se pretende del proceso.

El motivo para pensarlo de ese modo estriba en que, con la pretensión procesal, se pretende del tribunal que otorgue algu-

---

proceso; en otras palabras, que haya de constituir forzosamente su acto primero inicial. Nada se opone a que un proceso comience sin pretensión procesal, esto es, con vista a una pretensión futura». Guasp, J., *La pretensión procesal,* en Anuario de Derecho Civil, vol. 5, núm. 1 (1952), pág. 52.

28. Según Guasp, J., *La pretensión procesal,* en Anuario de Derecho Civil, vol. 5, núm. 1 (1952), pág. 58.

29. Según Guasp, J., *La pretensión procesal,* en Anuario de Derecho Civil, vol. 5, núm. 1 (1952), pág. 58.

30. Dice González Pérez que «en la doctrina tradicional, que olvida la existencia del concepto de pretensión procesal, la demanda no era sólo el acto de iniciación del proceso, sino algo más: era la manifestación o ejercicio de la acción». González Pérez, J., *La pretensión procesal administrativa,* en Revista de administración pública, núm. 12 pág. 85. Disponible en: file:///C:/Users/Antonio/Downloads/Dialnet-LaPretensionProcesalAdministrativa-2111937%20(2)%20(2).pdf.

nas de las «*Clases de tutela jurisdiccional*»[31] a que alude el artículo 5.1. de la ley de enjuiciamiento civil[32] acordes[33] con la «función que, como instituto jurídico, le corresponde realizar» al proceso constituyéndose en su clave de bóveda sobre la que se sustenta toda su arquitectura normativa. En tal sentido, la pretensión procesal «hace girar[34] en torno a sí misma el resto de elementos que aparecen en la institución procesal».

Desde la perspectiva normativa que aporta el artículo 5 de la ley de enjuiciamiento civil, es posible comprobar[35] «hasta que, punto es cierta y necesaria la inserción de la figura de la pretensión procesal en la fórmula misma definidora del proceso». La razón es bien fácil: sin pretensión procesal no es posible pretender de un tribunal tutela jurisdiccional[36]. Por tanto, el otorgamiento de tutela jurisdiccional por un tribunal se encuentra indisolublemente unida al planteamiento de una pretensión procesal y a la función de tutela jurisdiccional que se atribuye a su ejercicio respecto del proceso que define y diseña.

No es de extrañar que una de las cuestiones metodológicas que es preciso abordar es, precisamente, esa función de tutela jurisdiccional que se atribuye a la pretensión procesal y que, en el momento presente, se vincula con la responsabilidad consti-

---

31. Rúbrica del artículo 5 de la ley de enjuiciamiento civil.

32. A la obtención de esas clases de tutela jurisdiccional mediante la pretensión procesal responde la rúbrica «*Clases de tutela jurisdiccional*» del artículo 5 de la ley de enjuiciamiento civil.

33. Según Guasp, J., *La pretensión procesal,* en Anuario de Derecho Civil, vol. 5, núm. 1 (1952), pág. 10.

34. Según Guasp, J., *La pretensión procesal,* en Anuario de Derecho Civil, vol. 5, núm. 1 (1952), pág. 40.

35. Según Guasp, J., *La pretensión procesal,* en Anuario de Derecho Civil, vol. 5, núm. 1 (1952), pág. 10.

36. Decía Guasp que la «reclamación de parte es precisamente la pretensión procesal, pues pretensión procesal no quiere decir otra cosa que reclamación frente a persona distinta y ante el Juez de una conducta determinada. Es inevitable extraer de ello, la consecuencia de que el inequívoco objeto del proceso es la pretensión procesal». Guasp, J., *La pretensión procesal,* en Anuario de Derecho Civil, vol. 5, núm. 1 (1952), pág. 37, 38.

tucional del proceso en una sociedad que se autoproclama respetuosa con el Estado de Derecho.

Así que, para paliar el vértigo que inevitablemente provoca la mención a tan novedoso tratamiento de la pretensión procesal, sería interesante abordarlo a través de un atractivo argumento justificado en las relaciones entre «proceso» —entendido como el que se transita ante un tribunal con «todas las garantías» procesales (artículo 24.2 de la Constitución) tendentes a dilucidar una «contienda judicial» (artículo 248.1. de la ley de enjuiciamiento civil)— y el propio texto constitucional, tratando de justificar la real responsabilidad constitucional del proceso respecto de la tutela jurisdiccional que es posible obtener de un tribunal mediante la pretensión procesal.

Esa dimensión de la responsabilidad constitucional del proceso —sin duda, la más crucial y trascendente para su correcta comprensión—, es fruto de una afirmación que en el momento presente ya no debería suscitar ninguna sorpresa y que alude al «compromiso constitucional» de la norma procesal, en función del cual los códigos procesales se presentan como auténticas leyes reguladoras de las garantías procesales ungidas por el artículo 1.1. de la Constitución en el que la Justicia surge como valor superior de nuestro ordenamiento jurídico y constitucional.

Es preciso no olvidar que, en la exposición de motivos de la ley de enjuiciamiento civil (apartado I), se dice que «Justicia civil» efectiva va a significar «por consustancial al concepto de Justicia, plenitud de garantías procesales» en la que, el anhelo de un proceso con «plenitud de garantías procesales», obliga a concluir que, sin esa «plenitud de garantías procesales», no existe «Justicia civil» efectiva; siendo esa y no otra la «Justicia» que propugna la pretensión procesal con la que se define y diseña la tutela jurisdiccional que se pretende del proceso porque «los tres postulados del proceso[37]: todo proceso supone una pretensión, toda pretensión origina un proceso, ningún proce-

---

37. Según Guasp, J., *La pretensión procesal,* en Anuario de Derecho Civil, vol. 5, núm. 1 (1952), pág. 27, 28.

so puede ser mayor, menor o distinto que la correspondiente pretensión, demuestran hasta la saciedad que el concepto de pretensión procesal es[38] insustituible para la elaboración de la noción procesal, y que ningún otro podría aspirar con justicia a llenar un papel semejante al suyo».

En ese contexto, el otorgamiento de tutela jurisdiccional por un tribunal se encuentra indisolublemente unido al planteamiento de una pretensión procesal y a la función de tutela jurisdiccional que se pretende del proceso vinculada con la responsabilidad constitucional que asume la norma procesal consistente en garantizar «un proceso... con todas las garantías» procesales (artículo 24.2. de la Constitución) que fluye mediante una norma procesal «comprometida» constitucionalmente y que, por lo mismo, no aplica las garantías constitucionales y procesales, de las que se hace responsable, como un mero «medio»[39] y desde una vertiente instrumental[40] propia de un subsistema dependiente del resto del ordenamiento jurídico ya sea civil, laboral, penal o, en fin, contencioso administrativo.

Por el contrario, la función de tutela jurisdiccional que se pretende del proceso mediante el ejercicio de la pretensión procesal, obliga a concluir que, ese ordenamiento jurídico ya sea civil, laboral, penal o, en fin, contencioso administrativo, se encuentra al servicio de las garantías procesales que supone el otorgamiento de tutela jurisdiccional mediante el planteamiento de una pretensión procesal. La pretensión procesal de tutela jurisdiccional hace del proceso una realidad autónoma, sustantiva y de garantía constitucional, En ningún caso, la pretensión procesal de tutela jurisdiccional, permite que el proceso se

---

38. Según Guasp, J., *La pretensión procesal,* en Anuario de Derecho Civil, vol. 5, núm. 1 (1952), pág. 27, 28.

39. No obstante, dice Taruffo que «no se debe olvidar que el proceso es el medio, no el fin». Taruffo, M. *Simplemente la verdad. El juez y la construcción de los hechos.* Traducción de Daniela Accatino Scagliotti. Marcial Pons. Madrid 2010, pág. 132.

40. Según Morón Palomino. M. *Derecho procesal civil. (Cuestiones fundamentales).* Marcial Pons. Madrid 1993, pág. 28 y ss.

muestre al justiciable como una realidad instrumental, mecanicista o acrítica[41].

En consecuencia, con la pretensión procesal, la responsabilidad constitucional del proceso no se estructura como un subsistema instrumental de cualquier sector normativo del ordenamiento jurídico y sí como el sistema normativo que permite el inexorable cumplimiento de las garantías constitucionales y procesales «en garantía de cualquier derecho» (artículo 2 de la ley orgánica del Poder Judicial). El proceso ha dejado de ser un instrumento y, por tanto, no «es el instrumento[42] a través del cual los jueces y magistrados realizan la función que constitucionalmente tiene encomendada».

Un Tribunal, cuando actúa «en garantía de cualquier derecho» (artículo 2 de la ley orgánica del Poder Judicial), es porque se pretende de él tutela jurisdiccional en los términos en que está regulada en el artículo 5 de la ley de enjuiciamiento civil mediante un modelo de litigación de indudable «vocación garantista» como el que surge del artículo 24.2. de la Constitución y con el que se garantizaría que, para hacer frente a la patología jurídica, «todos tienen derecho (…) a un proceso público (…) con todas las garantías» constitucionales y procesales; entendidas las «garantías» como las que suponen el reconocimiento de un derecho («en garantía de cualquier derecho» según el artículo 2 de la ley orgánica del Poder Judicial) cuando es proyectado en la práctica mediante su posible violación o vulnera-

---

41. Según Pedraz Penalva «la predicada funcionalidad básica del derecho procesal en pro del sustantivo sin embargo no comporta ni permite la absorción de aquél por éste en la medida en que juega un papel específico, autónomo, con conceptos, instituciones y medios propios que sobrepasan una inerte instrumentalización». Pedraz Penalva, E., *Objeto del proceso y objeto litigioso*, en Presente y futuro del proceso civil. Bosch Editor. Barcelona 1998, pág. 59.

42. Instrumentalidad asumida por Pardo Iranzo, V., *et al. Derecho procesal I Jurisdicción, acción y proceso*. Thomson Reuters Aranzadi. 2021, pág. 279. O, por Ormazabal Sánchez cuando dice que «no puede perderse de vista la instrumentalidad del Derecho procesal». Ormazabal Sánchez, G., *Introducción al derecho procesal*. Octava edición. Marcial Pons. 2023. pág. 11.

ción a la que se hace frente mediante la pretensión procesal de tutela jurisdiccional.

Esta conceptuación de la pretensión procesal, que define la tutela jurisdiccional que se pretende del proceso como la que hace posible que un tribunal actúe «en garantía de cualquier derecho» (artículo 2 de la ley orgánica del Poder Judicial), no es nueva para el constitucionalismo español.

Proviene de un ámbito cultural como es el del *common law* —o propio del derecho angloamericano— y su mandato de un *fair trial* o también del *due process of law* que ya ha tenido plena acogida en España por lo que, la categoría del debido proceso (que viene a ser la castellanización de la consabida fórmula anglosajona del *due process of law*), sea «en suma[43], el modelo [que el] art. 6 Convenio Europeo de los Derechos Humanos denomina proceso equitativo, o el que la jurisprudencia constitucional [la española] denomina proceso justo (v. gr. Sentencias del Tribunal Constitucional español 65/2007, de 27 de marzo, 146/2007, de 18 de junio)».

Ciertamente, el proceso justo —«*giusto processo*» en italiano[44]— es una fórmula de antigua e ilustre ascendencia[45] en cuyos orígenes se encuentran los conceptos de *fair trial* y *due process of law* de la tradición angloamericana aunque la referencia más inmediata es, sin lugar a dudas, la noción de «proceso equitativo» a que alude el artículo 6 del Convenio para la Protección de los Derechos Humanos y de las Libertades Fundamentales («*proceso equitativo*» y «*fair trial*» en las lengua oficiales) y el artículo 14 del Pacto Internacional de Derechos Civi-

---

43. Según Garberí Llobregat, J. *Constitución y Derecho Procesal. Los fundamentos constitucionales del Derecho Procesal.* Cuadernos Cívitas. Thomson Reuters. Pamplona 2009, pág. 238.

44. Al respecto, no sería desacertado advertir, en la expresión «proceso justo», el punto final de una evolución a la que se acoge el artículo 111 de la Constitución italiana según el cual «la jurisdicción se ejerce mediante el proceso justo regulado por la ley».

45. Según Ferrua «*è formula di antica e illustre ascendenza*». Ferrua, P. *Il giusto processo.* Zanichelli. Bologna. 2009, pág. 27, 28.

les y Políticos. Mediante variados matices las diversas fórmulas que se vienen utilizando expresan conceptos sustancialmente afines[46].

Para entender esa evolución hacia el reconocimientó de un «proceso justo» —al menos en el constitucionalismo italiano—, el *due process of law* expresaría sobre todo la exigencia de legalidad, de respeto de las reglas procesales[47], mientras el atributo «equidad» (o *fair*) la idea de un equilibrio simétrico, de una paridad en la que han de ubicarse las partes ante el tribunal que plantean posiciones opuestas[48]; de modo que la cualificación de «justo» sugiere una estructura procesal justificada en un discernimiento dialécticamente elaborado, capaz de producir una decisión «justa», en la medida en que el proceso es un típico ejemplo de justicia procesal «imperfecta»[49].

Por lo que respecta ya a nuestra realidad constitucional, es obligado asumir, por imperativo constitucional, que la pretensión procesal, que define y diseña la tutela jurisdiccional que se pretende del proceso, es el resultado de llevar a cabo la «función jurisdiccional» constitucional de juzgar y hacer ejecutar lo juzgado según exigencias constitucionales (artículo 117.3. de la Constitución) que confluye en el que se ha denominado «proceso justo» o «equitativo» (sistema jurídico del *common law*) o, en fin, en el «proceso de efectiva tutela» (que es el que diseña el

---

46. Según Ferrua «*con varie sfumature le diverse formule esprimono concetti sostanzialmente affini*». Ferrua, P. *Il giusto processo*. Zanichelli. Bologna. 2009, pág. 27, 28.

47. Según Ferrua «*esprime soprattutto l'esigenza di legalità, di rispetto delle regole nella procedura*». Ferrua, P. *Il giusto processo*. Zanichelli. Bologna. 2009, pág. 27, 28.

48. Según Ferrua «*vi aggiunge l'idea di un equilibrio simmetrico, di una parità in cui dovrebbero trovarsi davanti al giudice i soggetti che esercitano le opposte funzioni*». Ferrua, P. *Il giusto processo*. Zanichelli. Bologna. 2009, pág. 27, 28.

49. Según Ferrua «*suggerendo un assetto processuale «cognitivo», fondato su un sapere dialetticamente elaborato, capace di produrre una decisione «giusta», pur nell'inevitabile fallibilità di ogni método (il processo è un típico esempio di giustizia procedurale «imperfetta»*». Ferrua, P. *Il giusto processo*. Zanichelli. Bologna. 2009, pág. 27, 28.

artículo 24 de la Constitución propio del sistema jurídico del *civil law*).

Con tan paradigmáticas advertencias, que se han de aceptar sin cuestionamiento alguno —ya que no son de carácter programático—, se suministran las bases con las que avanzar en el real significado de la pretensión procesal acordes con la responsabilidad constitucional contraída por la norma procesal.

No cabe duda que nos ubicamos ante un acontecimiento inédito en la más reciente historia del derecho procesal español en el que la pretensión procesal permite atribuir a la norma procesal un significado con el que interactuar de modo concreto y directo la tutela jurisdiccional[50] alejada de una opción meramente instrumental y sí de «efectiva tutela jurisdiccional» propia del *civil law* y que, además, supondría su «confluencia» con la del «debido proceso de ley» (*due process of law*), propio del *common law* que, a pesar de ser un barbarismo para nuestro modelo de tutela judicial efectiva constitucional, tendría que suponer la existencia de una «*deuda*» que se contrae en la aplicación según «*ley*» de las garantías procesales («*debido*»=«*deuda*» contraída en la aplicación de esas garantías procesales según la «*ley*» —*due process of law*—[51]) y que para el *civil law* y para nuestro constitucionalismo, concurrirá en el «proceso de efectiva tutela jurisdiccional» que, con arreglo con el artículo 24.2. de la Constitución, implica que «todos tienen derecho (...) a un proceso público (...) con todas las garantías» procesales. El resultado final es una pretensión procesal que define la tutela jurisdiccional que se pretende en el proceso an-

---

50. Al modo con el que interactúa la pretensión procesal responde la rúbrica «*Clases de tutela jurisdiccional*» del artículo 5 de la ley de enjuiciamiento civil.
51. Gascón Inchausti dice que «durante bastante tiempo una aproximación comparatista hacia el Derecho procesal solía verse rechazada de manera casi expeditiva —o en todo caso se le negaba cualquier posible utilidad práctica— con el argumento de que los procesos judiciales estaban estrechamente ligados a la cultura de cada nación». Gascón Inchausti, F., *Metodología comparada y derecho procesal: algunas consideraciones y propuestas*, en Derecho y Proceso. Vol. II. Atelier. Libros jurídicos. Barcelona 2018, pág. 1008.

te un tribunal «con todas las garantías» procesales (artículo 24.2. de la Constitución).

Con esa finalidad y no otra, hay que reafirmar que la pretensión procesal define la tutela jurisdiccional que se pretende del proceso como «resultado[52] de una combinación de garantías concurrentes, que instrumentándose a través de la constitucionalización de las más significativas e inalienables garantías fundamentales referidas al Poder Judicial y a la Administración de Justicia, conducen a una situación en la que no se priva a nadie arbitrariamente de la adecuada y oportuna tutela jurisdiccional de los derechos que pudieran eventualmente asistirle, sino es a través de un proceso conducido en forma legal y que concluya con una sentencia fundada».

---

52. Según Vallespín Pérez, D. *El modelo constitucional de juicio justo en el ámbito del proceso civil.* Barcelona 2002, pág. 66.

CAPÍTULO II
EL DISEÑO DE LA PRETENSIÓN PROCESAL

1. LA LIBERTAD DE PRETENDER EN EL PROCESO

Una de las aportaciones más extraordinarias de la regulación de la vigente ley de enjuiciamiento civil posiblemente consista en que se «podrá pretender de los tribunales» tutela jurisdiccional[53] (artículo 5.1. de la ley de enjuiciamiento civil) con la que es posible diseñar la estructura del proceso.

Mediante una contribución normativa inédita para la pretérita legislación procesal civil, la vigente ley de enjuiciamiento civil a través de su Título I rubricado *«De la comparecencia y actuación en juicio»* dentro de su Libro I rubricado, a su vez, *«De las disposiciones generales relativas a los juicios civiles»*, aborda un nuevo diseño de la pretensión procesal consistente en que la parte en el proceso se representa a sí misma en función de su parcialidad entendida como la falta de neutralidad que, irremisiblemente, conduce a la existencia de la denominada pretensión procesal cuando procede a «pretender de los tribunales» tutela jurisdiccional (artículo 5.1. de la ley de enjuiciamiento civil).

Con este nuevo diseño que realiza la ley de enjuiciamiento civil con la que pretender en el proceso tutela jurisdiccional,

---

53. Con la pretensión procesal se acotan las *«Clases de tutela jurisdiccional»* a que alude la rúbrica del artículo 5 de la ley de enjuiciamiento civil.

irrumpe una nueva categoría de parte procesal a la que se le permite utilizar las *«Clases de tutela jurisdiccional»* a que alude la rúbrica del artículo 5 de la ley de enjuiciamiento civil y a la que se caracteriza por ser portadora de una pretensión procesal entendida como el primero de los elementos normativos con los que acceder al nuevo diseño de pretensión procesal que, la propia ley de enjuiciamiento civil, patrocina y programa.

Antes de la vigente ley de enjuiciamiento civil, la pretensión procesal ni era considerada como uno de sus elementos normativos, ni se le consideró necesaria para que se pudiera transitar a través del proceso.

La pretensión procesal no existía para el proceso. La pretensión procesal, con la que ahora «se podrá pretender de los tribunales» tutela jurisdiccional[54] (artículo 5.1. de la ley de enjuiciamiento civil), es el fruto normativo de la ley de enjuiciamiento civil de cuyo contexto regulador germina procediendo a caracterizarla por la libertad de pretender en el proceso.

La pretensión procesal, que surge normativamente con la vigente ley de enjuiciamiento civil, se caracteriza porque responde a la libertad intrínseca con la que es posible pretender tutela jurisdiccional de un tribunal. Es la pretensión procesal de tutela jurisdiccional de la que se dispone libremente porque la Constitución reconoce a la persona su libertad, su dignidad, los derechos inviolables que le son inherentes, el libre desarrollo de su personalidad mediante el respeto a la ley y a los derechos de los demás, constituyendo, ese reconocimiento, el fundamento del orden político y de la paz social (artículo 1.1. y 10.1. de la Constitución). En definitiva, el fundamento del orden público procesal.

Ese compendio de derechos y obligaciones constitucionales de la persona, expresión de su libertad para disponer ante un tribunal del ejercicio de su pretensión procesal de tutela juris-

---

54. Conviene recordar que con la pretensión procesal se acotan las *«Clases de tutela jurisdiccional»* a que alude la rúbrica del artículo 5 de la ley de enjuiciamiento civil.

diccional, constituyen, conjuntamente con la justicia y la igualdad, «valores superiores» de nuestro ordenamiento jurídico constitucional que permite que, España, se constituya «en un Estado social y democrático de Derecho» (artículo 1.1. de la Constitución).

La libertad de la persona con la que podrá «pretender de los tribunales» una de las *«Clases de tutela Jurisdiccional»*[55] que regula el artículo 5 de la ley de enjuiciamiento civil, conjuntamente con su anhelo de justicia y de igualdad, anidan en un nuevo diseño de la pretensión procesal en el que, la libertad para disponer ante un tribunal de su ejercicio, ha de encontrar, a su paso, no solo el deseo de obtener tutela jurisdiccional efectiva como también «el anhelo y la necesidad social de una Justicia civil nueva, caracterizada precisamente por la efectividad» (apartado I de la exposición de motivos de la ley de enjuiciamiento civil) como expresión de la libertad para «pretender de los tribunales» tutela jurisdiccional (artículo 5.1. de la ley de enjuiciamiento civil).

Es una libertad que continúa inspirando la vigente ley de enjuiciamiento civil como regla en la que se sustenta la «iniciativa procesal y la configuración del objeto del proceso» civil (apartado IV de la exposición de motivos de la ley de enjuiciamiento civil) mediante un diseño, de su poder de disposición, nuevo y sin precedentes en el pretérito derecho procesal español.

No obstante, resulta sorprendente que el legislador no haya dedicado, en la exposición de motivos de la ley de enjuiciamiento civil, ni una sola de sus indicaciones a la aportación, ciertamente excelsa que, a nivel metodológico, supone vincular la pretensión procesal con la libertad de pretender tutela jurisdiccional[56] en el proceso mediante su libre disposición ante un tribunal.

---

55. Es la rúbrica del artículo 5 de la ley de enjuiciamiento civil.
56. En los términos en que se expresa la rúbrica del artículo 5 de la ley de enjuiciamiento civil.

Conviene no olvidar que al legislador sólo parece preocuparle, cuando redacta la exposición de motivos de la ley de enjuiciamiento civil, su lenguaje. No la expresión de libertad que supone «pretender de los tribunales» tutela jurisdiccional (artículo 5.1. de la ley de enjuiciamiento civil) «y, por ello —dice—, no se considera inconveniente, sino todo lo contrario, mantener diversidades expresivas para las mismas realidades, cuando tal fenómeno ha sido acogido tanto en el lenguaje común como en el jurídico. Así, por ejemplo (…), se emplea en unos casos los vocablos *"pretensión"* o *"pretensiones"* y, en otros, el de *"acción"* o *"acciones"*[57] como aparecían en la Ley [de enjuiciamiento civil] de 1881 y en la jurisprudencia y doctrina posteriores, durante más de un siglo, sin que ello originara problema alguno» (apartado IV de la exposición de motivos de la ley de enjuiciamiento civil).

No le asiste la razón al legislador de la exposición de motivos de la ley de enjuiciamiento civil por partida doble. En primer lugar, no es cierto que la «acción» y la pretensión procesal sean «diversidades expresivas para las mismas realidades» (apartado IV de la exposición de motivos de la ley de enjuiciamiento civil). No. En absoluto.

Pero —y, en segundo lugar—, y es lo más grave si ello aún es posible, es que, ese mismo legislador de la exposición de motivos de la ley de enjuiciamiento civil, no dedica a la pretensión procesal ni una mísera frase o explicación que justifique su proyección normativa en libertad acorde con el nuevo contexto metodológico en el que él mismo la ubica pues «el concepto de acción, usurpador[58] en máxima medida del puesto je-

---

57. La cursiva es mía.
58. Esa «usurpación» es aún más nítida cuando Jiménez Conde, García-Rostán Calvín, Tomás Tomás y Castillo Felipe dicen que «el objeto del proceso está constituido por la acción afirmada por el actor. Dicho de otra forma, el proceso versa sobre el derecho a la concreta tutela jurisdiccional que el actor afirma tener y que pide se le reconozca frente al demandado». Y añaden, en lo que ahora interesa, que «el segundo elemento identificador de la acción es lo que se pide. La concreta tutela que se reclama del órgano jurisdiccional.

rárquico que al concepto de pretensión corresponde, no hubiera podido por sí sólo llenar el puesto que la pretensión procesal ocupa, ya que la inmensa mayoría de las conexiones procesales particulares que van ligadas a la idea de la pretensión escapan[59], por su misma particularidad, a la figura excesivamente amplia de la acción».

2. EL REFERENTE CONSTITUCIONAL DE LA PRETENSIÓN PROCESAL

Pese al legislador de la exposición de motivos de la ley de enjuiciamiento civil, la «acción» como concepto constitucional ha sucumbido ante la pretensión procesal. La razón para pensarlo de ese modo es, por lo pronto, de justificación constitucional.

En efecto, la Constitución permite a «todas las personas» accionar «ante los juzgados y tribunales en el ejercicio de sus derechos e intereses legítimos» (artículo 24.1. de la Constitución). Es decir, la parte ostenta un derecho reconocido constitucional-

---

Ante los órganos jurisdiccionales puede solicitarse cualquier tipo de tutela salvo que el ordenamiento lo prohíba expresamente (se dice en ese caso que falta accionabilidad). En función del *petitum* las acciones pueden ser —añaden— de tres clases: meramente declarativas, de condena o constitutivas». Jiménez Conde, F., García-Rostán Calvín, G., Tomás Tomás, S., y Castillo Felipe, R., *Manual de derecho procesal civil I*. 2023, pág. 77, 79. La cursiva no es mía. Es de los autores de la cita. También es posible apreciar esa «usurpación» «en máxima medida del puesto jerárquico que al concepto de pretensión —según Guasp— corresponde», en Cachón Cadenas cuando dice que «atendiendo al contenido de la petición de carácter sustantivo formulada por el demandante, se distinguen las siguientes clases de acciones o pretensiones, y a continuación alude a las «a) Acciones meramente declarativas o merodeclarativas (...), b) Acciones constitutivas (...), c) Acciones de condena». Cachón Cadenas, M., *Introducción al enjuiciamiento civil*. Atelier Libros Jurídicos. 2012, pág. 184, 184.

59. Según Guasp, J., *La pretensión procesal,* en Anuario de Derecho Civil, vol. 5, núm. 1 (1952), pág. 33.

mente que le permite acudir ante un juez predeterminado por la ley orgánica del Poder Judicial (artículo 24.2. de la Constitución) de justificación abstracta y universal que se reconoce a «todas las personas» y que es autónomo e independiente del derecho material o sustantivo.

Pero, ese derecho constitucional de accionar de «todas las personas» (artículo 24.1. de la Constitución) no es posible confundirlo con la pretensión procesal. Ni es su referente constitucional.

Conviene tener presente que, lo que «se podrá pretender de los tribunales» (artículo 5.1. de la ley de enjuiciamiento civil), no es el controvertible «derecho de acción» sino la tutela jurisdiccional que diseña el propio artículo 5 de la ley de enjuiciamiento civil que actúa como un derecho vinculado inexorablemente con la existencia de un proceso conceptuado como un núcleo irreductible de garantías procesales al que, ahora, se puede pretender de los tribunales, que no accionar, mediante la pretensión procesal. Repito. En ningún momento, del devenir histórico del denominado «derecho de acción» en nuestro país, ese «derecho de acción» se ha explicado como un derecho a pretender tutela jurisdiccional mediante un proceso conceptuado como un núcleo irreductible de garantías procesales.

La pretensión procesal cuando permite «pretender de un tribunal» tutela jurisdiccional, en el modo en que es diseñada por el artículo 5 de la ley de enjuiciamiento civil mediante un proceso «con todas las garantías» procesales (artículo 24.2. de la Constitución), se diferencia del «derecho de acción» en que, como derecho constitucional a la Jurisdicción, a la tutela judicial efectiva o al «derecho a la jurisdicción, a la actividad jurisdiccional del Estado, al proceso (que de todas estas maneras puede denominársele[60])», es irrelevante desde la perspectiva fun-

---

60. Según Montero Aroca, J., *El proceso civil. Los procesos ordinarios de declaración y de ejecución*. 2ª. Edición. Tirant Lo Blanch Tratados. Valencia 2016, pág. 223.

cional con la que obtener tutela jurisdiccional de un tribunal mediante la pretensión procesal[61].

A la pretensión procesal no le interesa la Jurisdicción o derecho constitucional a la Jurisdicción, a la tutela judicial efectiva, a la actividad jurisdiccional del Estado, al proceso (que de todas estas maneras puede denominársele)[62] (artículo 24 de la Constitución). No es su referente constitucional. A la pretensión procesal le interesa sólo y exclusivamente la proyección funcional de la jurisdicción mediante un proceso «con todas las garantías» procesales (artículo 24.2. de la Constitución). En definitiva, el ejercicio funcional de la jurisdicción (no, la Jurisdicción) consistente en juzgar y hacer ejecutar lo juzgado con todas las garantías» procesales (artículo 24.2. y 117.3. de la Constitución) es el referente constitucional de la pretensión procesal. El referente constitucional de la pretensión procesal no es el artículo 24 de la Constitución. Su referente constitucional es el artículo 24.2. y 117.3. de la Constitución.

Desde el instante en que existe el compromiso constitucional de reconocer el derecho funcional de «pretender de un tribunal» tutela jurisdiccional en el modo en que es diseñado por

---

61. Dice Montero Aroca que «la construcción de Guasp ha tenido el valor de destacar el concepto de pretensión, pero en la actualidad: 1º) el concepto de acción no sólo no se ha abandonado, sino que se ha convertido doctrinalmente en uno de los "temas procesales de nuestro tiempo"». Noción de acción que, según Montero Aroca, «tiene que ser unitaria; no existen clases de acciones, sino una única acción» entendida «como derecho a la jurisdicción, a la actividad jurisdiccional del Estado, al proceso (que de todas estas maneras puede denominársele) que sólo puede ser una y sólo puede existir un concepto» porque «siendo uno el concepto de acción, y admitido que este derecho no puede ejercitarse (fruto de su confusión conceptual) si no es para pretender, adquiere importancia el sistema de clasificación de las pretensiones con relación a la clase de tutela jurisdiccional pedida». Montero Aroca, J., *El proceso civil. Los procesos ordinarios de declaración y de ejecución*. 2ª. Edición. Tirant Lo Blanch Tratados. Valencia 2016, pág. 223.
62. Según Montero Aroca, J., *El proceso civil. Los procesos ordinarios de declaración y de ejecución*. 2ª. Edición. Tirant Lo Blanch Tratados. Valencia 2016, pág. 223.

el artículo 5.1. de la ley de enjuiciamiento civil mediante un proceso «con todas las garantías» procesales (artículo 24.2. de la Constitución), esas garantías procesales, al tiempo que son objetivables, sustantivas y autónomas al no ser instrumentales de ningún otro ordenamiento jurídico ya lo sea civil, mercantil etc., no son reconducibles a un hipotético «derecho de accionar»[63] al sucumbir, ese «derecho de acción», a la Jurisdicción, o derecho constitucional a la Jurisdicción, a la tutela judicial efectiva, a la actividad jurisdiccional del Estado, al proceso (que de todas estas maneras puede denominársele)[64], ante el derecho de «pretender de un tribunal» tutela jurisdiccional en los términos en que se diseña en el artículo 5.1. de la ley de enjuiciamiento civil.

Por tanto, la justificación constitucional de la pretensión procesal se encuentra en el derecho a «pretender de un tribunal» tutela jurisdiccional mediante «un proceso público» con «todas las garantías» procesales (artículo 24.2. y 117.3. de la Constitución) al afectar al *procedendo* del proceso y a sus garantías procesales perfectamente objetivables mediante el ejercicio de la función jurisdiccional constitucional (artículo 117.3. de la Constitución) porque «si la idea de función jurisdiccional es la que ha de recogerse en el proceso explicando la potestad en virtud de la cual, un tercero investido de poder público, interviene entre las partes, no puede ser por menos de formularse una ecuación impecable entre los conceptos de función jurisdiccional y función procesal. Pero, entonces la función jurisdiccional no puede ser[65] más ni menos que una función de satisfacción de pretensiones».

63. Según Montero Aroca, J., *El proceso civil. Los procesos ordinarios de declaración y de ejecución.* 2ª. Edición. Tirant Lo Blanch Tratados. Valencia 2016, pág. 223.

64. Según Montero Aroca, J., *El proceso civil. Los procesos ordinarios de declaración y de ejecución.* 2ª. Edición. Tirant Lo Blanch Tratados. Valencia 2016, pág. 223.

65. Según Guasp, J., *La pretensión procesal,* en Anuario de Derecho Civil, vol. 5, núm. 1 (1952), pág. 54, 55.

En cambio, la justificación constitucional de la «acción» hay que ir a buscarla en el «derecho a la tutela judicial efectiva» constitucional o en el derecho constitucional a la Jurisdicción que se reconoce a «todas las personas» en el artículo 24 de la Constitución y, por tanto, ajena a la proyección funcional que se pretende de un tribunal con la pretensión procesal. En definitiva, la justificación o referente constitucional de la «acción» no es el mismo que sustenta o justifica el ejercicio de la pretensión procesal.

La sustantividad de la pretensión procesal, justificada, constitucional y funcionalmente, en el derecho a «pretender de los tribunales» (artículo 5.1. de la ley de enjuiciamiento civil) «un proceso público» con «todas las garantías» procesales (artículo 24.2. y 117.3. de la Constitución), es diversa, y en ningún caso se confunde, con el «derecho de acción» de exclusiva justificación en el «derecho a la tutela judicial efectiva» constitucional como derecho a la Jurisdicción (artículo 24 de la Constitución).

La sustantividad de la pretensión procesal va a significar que, su justificación funcional, sólo se acredita en su tránsito a través de unas garantías procesales perfectamente objetivables mediante un proceso «con todas las garantías» procesales (artículo 24.2. y 117.3. de la Constitución) pero sin que, a través de su paso por el proceso, la tutela jurisdiccional que se pretende suponga la titularidad del derecho subjetivo que se pretende que sólo se obtendrá, en su caso, con la sentencia que se pronuncie.

3. LA JUSTIFICACIÓN ABSTRACTA DE LA PRETENSIÓN PROCESAL

No es habitual encontrar en los textos que se han utilizado una expresa indicación referida a la pretensión procesal. Tengo la impresión de que el artículo 5 de la ley de enjuiciamiento civil es un precepto molesto porque (para muchos) no se sabe bien qué hacer con él[66] porque «existe además una nebulosa absoluta[67] en torno al objeto del juicio, lo que repercute en la configuración de las instituciones conexas a dicha noción».

No cabe duda. La pretensión procesal es una realidad normativa incomprendida. Es un huésped normativo que se encara con la «acción» hasta el punto de cuestionarla. O, si no se la cuestiona, se opta por confundirla con ella como si la «acción» y la pretensión procesal, fueran lo mismo lo que sucede cuando se acude a la «acción» porque «el objeto del proceso consiste[68] en la concreta tutela que el demandante solicita frente al demandado, es decir, en la *acción*[69] afirmada por el actor contra el demandado, que se concreta en el **derecho**[70] que se esgrima

---

66. Conviene no olvidar que, para el legislador de la ley de enjuiciamiento civil, la existencia de la pretensión procesal parece originarle problemas que trata de ocultar en disquisiciones semánticas. Recuerde que en el apartado IV de su exposición de motivos se puede leer, no sin cierto asombro, que la ley de enjuiciamiento civil «procura utilizar un lenguaje que, ajustándose a las exigencias ineludibles de la técnica jurídica, resulte más asequible para cualquier ciudadano, con eliminación de expresiones hoy obsoletas o difíciles de comprender y más ligadas a antiguos usos forenses que a aquellas exigencias. Se elude, sin embargo, hasta la apariencia de doctrinarismo y, por ello, no se considera inconveniente, sino todo lo contrario, mantener diversidades expresivas para las mismas realidades, cuando tal fenómeno ha sido acogido tanto en el lenguaje común como en el jurídico. Así, por ejemplo (…) se emplea en unos casos los vocablos "pretensión" o "pretensiones" y, en otros, el de "acción" o "acciones" como aparecían en la ley de 1881 [es la ley de enjuiciamiento civil de 1881] y en la jurisprudencia y doctrina posteriores, durante más de un siglo, sin que ello originara problema alguno».
67. Según Ramos Méndez. F., *Guía para una transición ordenada a la LEC*, Bosch Editor. 2000, pág. 80.
68. Según Banacloche Palao, J., *et al. Aspectos fundamentales de Derecho procesal civil*. 4ª Edición. Wolters Kluwer. 2018, pág. 246.
69. Según Banacloche Palao, J., *et al. Aspectos fundamentales de Derecho procesal civil*. 4ª Edición. Wolters Kluwer. 2018, pág. 246. La cursiva del texto no es mía. Es del autor citado.
70. Según Banacloche Palao, J., *et al. Aspectos fundamentales de Derecho procesal civil*. 4ª Edición. Wolters Kluwer. 2018, pág. 246. La negrita del texto no es mía. Es del autor citado.

en cada caso»; y se añade que «al **acto**[71] en virtud del cual se afirma esta acción se le denomina *pretensión*[72]. Por eso, se puede decir[73] que el objeto del proceso viene constituido por la acción en cuanto que es ejercitada, o lo que es lo mismo, por la pretensión del actor. Y dicha pretensión se contiene en la *demanda*[74], que es instrumento formal donde se recoge la acción[75] ejercitada». O, en fin, que «lo que constituye el objeto del proceso es[76] la afirmación de la acción y esto es lo que conocemos como pretensión».

Esa confusión, entre «acción» y pretensión procesal, parece estar presente, igualmente, cuando «se puede definir la demanda (la del juicio ordinario) como acto procesal de parte por el que se ejercita[77] el derecho de acción y se interpone completamente[78] la pretensión, dando inicio al proceso». O, que «en la generalidad de los procesos civiles la acción se realiza conjuntamente con la deducción[79] de la pretensión, en el escrito de demanda» porque «si se parte de un concepto abstracto del de-

---

71. Según Banacloche Palao, J., *et al. Aspectos fundamentales de Derecho procesal civil*. 4ª Edición. Wolters Kluwer. 2018, pág. 246. La negrita del texto no es mía. Es del autor citado.

72. Según Banacloche Palao, J., *et al. Aspectos fundamentales de Derecho procesal civil*. 4ª Edición. Wolters Kluwer. 2018, pág. 246. La cursiva del texto no es mía. Es del autor citado.

73. Según Banacloche Palao, J., *et al. Aspectos fundamentales de Derecho procesal civil*. 4ª Edición. Wolters Kluwer. 2018, pág. 246.

74. Según Banacloche Palao, J., *et al. Aspectos fundamentales de Derecho procesal civil*. 4ª Edición. Wolters Kluwer. 2018, pág. 246. La cursiva del texto no es mía. Es del autor citado.

75. Según Banacloche Palao, J., *et al. Aspectos fundamentales de Derecho procesal civil*. 4ª Edición. Wolters Kluwer. 2018, pág. 246.

76. Según Robles Garzón, J. A., *et al. Conceptos básicos de derecho procesal civil*. Tecnos, Madrid 2008, pág. 240.

77. Según Revilla Pérez, l., *et al. Lecciones de Derecho procesal civil*. Astigi, Sevilla 2020, pág. 145.

78. Según Revilla Pérez, l., *et al. Lecciones de Derecho procesal civil*. Astigi, Sevilla 2020, pág. 145.

79. Según Gimeno Sendra. V., *Fundamentos del derecho procesal (Jurisdicción, Acción y Proceso)*, Colex 2024, pág. 155.

recho de acción, como hacemos nosotros[80], el objeto del proceso no lo constituye la acción (tal y como afirman los partidarios de la acción concreta), que, entendido como derecho de libre acceso a la Jurisdicción a fin de obtener una resolución fundada, motivada y congruente, se erige[81] en motor del proceso, pero no en su objeto»[82].

Pero, el fruto cierto de la semilla que germina del artículo 5 de la ley de enjuiciamiento civil, es la pretensión procesal (no, la acción) con la que pretender tutela jurisdiccional de un tribunal según las *«Clases de tutela jurisdiccional»*[83] diseñadas en el artículo 5 de la ley de enjuiciamiento civil y que, por la naturaleza de lo que se pretende, la pretensión procesal no supone ejercicio de la posible titularidad de «derechos e intereses legítimos»[84] (qué es lo que debe reconocer o declarar la sentencia) sino, más exactamente, la aplicación del núcleo irreductible de garantías procesales del proceso al garantizar, mediante su ejercicio, un proceso «con todas las garantías» procesales (artículo 24.2. de la Constitución) con el que pretender algunas de las *«Clases de tutela jurisdiccional»*[85] que regula el artículo 5 de la ley de enjuiciamiento civil.

En definitiva, lo que se pretende es tutela jurisdiccional que se distingue de la «acción» entendida[86] «como derecho de libre acceso a la Jurisdicción a fin de obtener una resolución fundada, motivada y congruente» que «se erige[87] en motor del proce-

---

80. O sea, Gimeno Sendra. V., *Derecho procesal civil. El proceso de declaración. Parte general.* 2ª Edición Colex 2077, pág. 205.

81. Según Gimeno Sendra. V., *Derecho procesal civil. El proceso de declaración. Parte general.* 2ª Edición Colex 2077, pág. 205.

82. Según Gimeno Sendra. V., *Derecho procesal civil. El proceso de declaración. Parte general.* 2ª Edición Colex 2077, pág. 205.

83. Rúbrica del artículo 5 de la ley de enjuiciamiento civil.

84. Según el artículo 10 de la ley de enjuiciamiento civil.

85. Rúbrica del artículo 5 de la ley de enjuiciamiento civil.

86. Según Gimeno Sendra. V., *Derecho procesal civil. El proceso de declaración. Parte general.* 2ª Edición Colex 2077, pág. 205.

87. Según Gimeno Sendra. V., *Derecho procesal civil. El proceso de declaración. Parte general.* 2ª Edición Colex 2077, pág. 205.

so». Pero, tampoco se confunde la pretensión procesal con el ejercicio de la «acción» entendida como derecho subjetivo porque, respecto del objeto que es posible «pretender de los tribunales» (artículo 5.1. de la ley de enjuiciamiento civil) mediante la pretensión procesal, no se manifiesta o exhibe la titularidad de derecho subjetivo alguno que sólo será reconocida por la sentencia que pronuncie el tribunal acorde con la justificación abstracta de la pretensión procesal. Porque «del mismo modo que el civilista estudia el matrimonio sin indagar el derecho a casarse, cuestión que a lo sumo es estudiada por el derecho político, del mismo modo el procesalista tiene que estudiar la pretensión procesal sin preocuparse (entiéndase bien, como tal procesalista) del derecho a pretender qué es[88] en lo que consiste realmente el tan debatido concepto de acción»[89].

Como se comprenderá de inmediato, la justificación de la pretensión procesal, con la que pretender tutela jurisdiccional de un tribunal, es abstracta porque supone su desvinculación

---

88. Según Guasp, J., *La pretensión procesal,* en Anuario de Derecho Civil, vol. 5, núm. 1 (1952), pág. 32.

89. Dice González Pérez que «el objeto del proceso no es el fundamento a que debe su existencia ni la función o fin que, aun de modo inmediato, está llamado a realizar: no lo es la relación jurídico-material deducida en juicio —una misma relación jurídica puede constituir el pseudo objeto de una infinidad de procesos— ni el bien de la vida concreto a que el proceso afecta. El objeto del proceso es la materia sobre que recae el complejo de elementos que al proceso integran» por lo que «no hay más que un posible elemento objetivo básico del proceso: la pretensión procesal; en torno a ella giran todas y cada una de las vicisitudes procesales: la iniciación del proceso, la instrucción del mismo —alegaciones y prueba— y la decisión, sobre todo, tienen una sola y exclusiva referencia: la reclamación de la parte, no en cuanto acción que se realiza en un cierto momento, sino en cuanto acto ya realizado que, por este mismo carácter de estado que imprime a la realidad una vez que ha influido sobre ella, hace girar en torno a sí mismo el resto de los elementos que aparecen en la institución procesal». González Pérez, J., *La pretensión procesal administrativa,* en Revista de administración pública, núm. 12 pág. 90, 91. Disponible en: file:///C:/Users/Antonio/Downloads/Dialnet-LaPretensionProcesalAdministrativa-2111937%20(2)%20(2).pdf.

de la «acción» entendida[90] «como derecho de libre acceso a la Jurisdicción a fin de obtener una resolución fundada, motivada y congruente» que «se erige[91] en motor del proceso». Pero, de igual modo, supone su desvinculación del derecho subjetivo al no depender del *ius persequendi judicio quod sibi debeatur.* Esto es, ¿el *factum* que se perseguía en el *iudicio* romano era el mismo que servía de sustento al derecho del sujeto —derecho subjetivo— que se ejercitaba con la denominada *actio* romana? O, en cambio ¿era otro distinto? En el derecho romano, a cada derecho subjetivo controvertido le correspondía una *actio* ya que, el derecho subjetivo y la facultad de poder obtener la protección de un tribunal, no eran nociones distintas. Se era titular de un derecho en la medida en que ese derecho se beneficiaba de una *actio* ante el tribunal. De ahí que los juristas romanos eran, ante todo, hombres prácticos[92] porque «una cosa es el objeto litigioso, es decir la relación jurídica discutida (*in iudicium deducta*), que se afirma subjetivamente existente, y otra[93] el objeto del proceso».

---

90. Según Gimeno Sendra. V., *Derecho procesal civil. El proceso de declaración. Parte general.* 2ª Edición Colex 2077, pág. 205.
91. Según Gimeno Sendra. V., *Derecho procesal civil. El proceso de declaración. Parte general.* 2ª Edición Colex 2077, pág. 205.
92. Según Habscheid *«le droit romain avait une conception procédurale du droit: le droit subjectif et la faculté de pouvoir obtenir la protection du juge n'étaient pas deux notions bien distinctes. Etait titulaire d'un droi seulement celui au profit duquel existait une actio et reciproquement: l'accent était surtout mis cependant sur l'aspect judiciaire et contentieux, les juristes romains étant avant tout des hommes de la pratique. La notion de droit subjectif, telle quelle est comme aujourdui, ne fut jamais découverte à Rome»* Habscheid, W. J., *Droit judiciaire privé suisse.* Genève 1975, pág. 216.
93. Según Pedraz Penalva. E., *Objeto del proceso y objeto litigioso*, en Presente y futuro del proceso civil. Bosch Editor. Barcelona 1998, pág. 50. Dice Pedraz Penalva que «expresado de otra forma, no han de confundirse la pretensión procesal y el contenido sustantivo de la misma ("pretensión material")». Pedraz Penalva. E., *Objeto del proceso y objeto litigioso*, en Presente y futuro del proceso civil. Bosch Editor. Barcelona 1998, pág. 53. En cambio, se expresa contrariamente Guimarães Ribeiro cuando dice que «la única similitud que puede existir entre la pretensión de tutela jurídica y la pretensión material es la palabra *pretensión*

La justificación de la pretensión procesal, con la que pretender tutela jurisdiccional abstracta, va a depender, por tanto, sólo y exclusivamente, de las «*Clases de tutela jurisdiccional*»[94] que regula el artículo 5 de la ley de enjuiciamiento civil con la que «se podrá pretender de los tribunales» (artículo 5.1. de la ley de enjuiciamiento civil) un proceso «con todas las garantías» procesales (artículo 24.2. de la Constitución) porque, lo que se pretende, es de exclusiva proyección procesal, funcional y, por tanto, abstracta al afectar al *procedendo* que no precisa de la «acción» entendida[95] «como derecho de libre acceso a la Jurisdicción a fin de obtener una resolución fundada, motivada y congruente» que «se erige[96] en motor del proceso» como tampoco de la existencia de un derecho subjetivo individualizado para justificarse por ser, la pretensión procesal, autónoma y sustantiva al sustentarse en la aplicación de unas garantías procesales perfectamente objetivables que, por su valor garantista son sustantivas y, por su proyección objetivable, son autónomas. Y, de igual modo, abstracta porque lo que abstractamente «se podrá pretender de los tribunales» (artículo 5.1. de la ley de enjuiciamiento civil) es la tutela jurisdiccional abstracta de las *Clases de tutela jurisdiccional*»[97] abstracta que regula el artículo 5 de la ley de enjuiciamiento civil.

La justificación, con la que pretender tutela jurisdiccional abstracta de un tribunal, supone que el *procedendo,* con el que la parte puede transitar en el proceso para pretender tutela jurisdiccional, actúa contrariamente a cómo supondría ejercer

---

que, en ambos supuestos, posee el mismo contenido». Guimarães Ribeiro, D., *La pretensión procesal y tutela judicial efectiva. Hacia una teoría procesal del derecho*. Bosch Editor. 2004, pág. 84. La cursiva del texto no es mía. Es del autor citado.

94. Es la rúbrica del artículo 5 de la ley de enjuiciamiento civil.

95. Según Gimeno Sendra. V., *Derecho procesal civil. El proceso de declaración. Parte general.* 2ª Edición Colex 2077, pág. 205.

96. Según Gimeno Sendra. V., *Derecho procesal civil. El proceso de declaración. Parte general.* 2ª Edición Colex 2077, pág. 205.

97. Es la rúbrica del artículo 5 de la ley de enjuiciamiento civil.

una «acción» no solo entendida[98] «como derecho de libre acceso a la Jurisdicción a fin de obtener una resolución fundada, motivada y congruente», sino también, como derecho subjetivo o del sujeto porque se considera titular «de la relación jurídica u objeto litigioso» (artículo 10 de la ley de enjuiciamiento civil). Titularidad que, únicamente, se reconoce con la sentencia a diferencia de la pretensión procesal que permite la entrada en un proceso con todas las garantías procesales aun cuando no se sea titular de derecho subjetivo alguno al ser de justificación abstracta[99].

Por tanto, la equiparación de la «acción» como derecho del sujeto con el carácter abstracto de la pretensión con la que pretender tutela jurisdiccional de un tribunal es inasumible e inequívocamente inexacta y errónea. No existe la pretensión procesal de «quienes comparezcan y actúen en juicio como titulares de la relación jurídica u objeto litigioso» (artículo 10 de la ley de enjuiciamiento civil) porque «la polémica en torno al juego de los intereses que en las partes deben concurrir, cae radicalmente por su base, pues el concepto no se construye[100] sobre la titularidad de un interés, sino sobre la titularidad de una actividad específica ya conocida» como es la pretensión procesal.

En efecto, las cuestiones del *iudicando* son ajenas al *procedendo* que se tramita al margen o sin interferencias del *iudicando* que pueda instalarse en la sentencia, lo que supone el reconocimiento de la más amplia autonomía de la pretensión procesal de tutela jurisdiccional que transita a través del *procedendo* con «todas las garantías» procesales (artículo 24.2. de la Constitución) al constituir la auténtica clave de bóveda de toda

---

98. Según Gimeno Sendra. V., *Derecho procesal civil. El proceso de declaración. Parte general.* 2ª Edición Colex 2077, pág. 205.

99. A su obtención mediante la pretensión procesal responde la rúbrica *«Clases de tutela jurisdiccional»* del artículo 5 de la ley de enjuiciamiento civil.

100. Según Guasp, J., *La pretensión procesal,* en Anuario de Derecho Civil, vol. 5, núm. 1 (1952), pág. 56.

la arquitectura del *procedendo* porque «el concepto de acción es relativo respecto del proceso porque no depende de estructuras procesales, sino que se hace independiente de ellas y funciona respetando a las mismas como una variable de distinto significado; por ello igualmente el concepto de acción procesal es[101] intrascendente para el proceso».

La justificación abstracta de la pretensión procesal significa que no depende, para su correcto ejercicio, de la posible o probable titularidad de un derecho subjetivo concreto e individualizado que se haría valer mediante el ejercicio de una específica «acción» por lo que no garantiza ni asegura que, el derecho subjetivo que se haría valer mediante el ejercicio de la específica «acción» y que se pretende integrar en la *cuestión de fondo* del proceso, sea resuelto a su término favorablemente para quién lo pretende del tribunal.

En definitiva, la «acción» como derecho subjetivo ha sucumbido ante la pretensión procesal con la que pretender tutela jurisdiccional abstracta de un tribunal.

En fin y la justificación abstracta de la pretensión procesal con la que pretender tutela jurisdiccional también es diversa de la «acción» como «derecho de accionar» o de obtener tutela judicial efectiva (artículo 24 de la Constitución) que, como derecho constitucional, es el derecho de acceso a la Jurisdicción cuyo reconocimiento es consustancial con la existencia de un Estado de Derecho del que no se puede renunciar ni anular a diferencia de la pretensión procesal que constituye el objeto de la demanda y del que «se podrá pretender de los tribunales» (artículo 5.1. de la ley de enjuiciamiento civil) «juzgando y haciendo ejecutar lo juzgado» (artículo 117.3. de la Constitución) que, a diferencia de la «acción» como «derecho de accionar» o de obtener tutela judicial efectiva (artículo 24 de la Constitución), se puede —no se olvide— renunciar, transaccionar (principio de

---

101. Según Guasp, J., *La pretensión procesal,* en Anuario de Derecho Civil, vol. 5, núm. 1 (1952), pág. 32.

oportunidad), disponer e, incluso, anular sus efectos jurídicos procesales.

A diferencia de la «acción» de tutela judicial efectiva (artículo 24.1 de la Constitución), que supone acceso a la Jurisdicción o Potestad Jurisdiccional constitucional, la pretensión procesal, con la que pretender tutela jurisdiccional abstracta de un tribunal, es funcional al implicar el acceso al ejercicio funcional de la jurisdicción. La «acción» o ejercer el «derecho de acción» como derecho constitucional a la Jurisdicción y a la tutela judicial efectiva, es irrelevante desde la perspectiva funcional o de ejercicio funcional de la pretensión procesal con la que pretender tutela jurisdiccional abstracta de un tribunal.

En definitiva, el «derecho de acción» como derecho constitucional ha sucumbido, igualmente, ante la pretensión procesal con la que pretender tutela jurisdiccional abstracta de un tribunal.

La pretensión procesal, al operar mediante criterios legales establecidos por la ley de enjuiciamiento civil, que son de legalidad ordinaria, permite pretender «tutela jurisdiccional» de justificación abstracta mediante un proceso civil «con todas las garantías» procesales (artículo 24.2. de la Constitución) y según las *Clases de tutela jurisdiccional*[102] que regula y diseña abstractamente el artículo 5 de la ley de enjuiciamiento civil.

Es la ley de enjuiciamiento civil la que establece abstractamente las *Clases de tutela jurisdiccional*[103] que se podrán «pretender de los tribunales» (artículo 5.1. de la ley de enjuiciamiento civil) mediante las pretensiones declarativas que, a su vez, pueden ser de condena, meramente declarativa y constitutivas. Conjuntamente con las pretensiones declarativas, la ley de enjuiciamiento civil alude a las pretensiones ejecutivas, a las que pretenden la adopción de medidas cautelares y a cualquier otra clase de tutela que esté expresamente prevista por la ley (argumento *ex* artículo 5.1. de la ley de enjuiciamiento civil).

---

102. Rúbrica del artículo 5 de la ley de enjuiciamiento civil.
103. Rúbrica del artículo 5 de la ley de enjuiciamiento civil.

Para terminar, no es posible desconocer que la pretensión procesal, al operar mediante criterios de legalidad ordinaria, esos criterios son de indudable orden público procesal. Son imperativos de orden público procesal ya que, si no se pretende tutela jurisdiccional abstracta de un tribunal mediante un proceso civil «con todas las garantías» procesales (artículo 24.2. de la Constitución) en el modo en que, de ordinario, lo diseña la ley de enjuiciamiento civil mediante la pretensión procesal, se haría un uso inadecuado de las «*Clases de tutela jurisdiccional*»[104] que regula originándose un desorden público procesal.

4. PRETENSIÓN PROCESAL Y PROCESO COLABORATIVO/PARTICIPATIVO

La ley de enjuiciamiento civil integra la pretensión procesal en un contradictorio al indicar que se ha de plantear «ante el tribunal que sea competente y frente a los sujetos a quienes haya de afectar la decisión pretendida» (artículo 5.2. de la ley de enjuiciamiento civil). Incluso, el artículo 248.1. de la ley de enjuiciamiento civil alude a «contienda judicial».

No obstante, ese contradictorio o «contienda judicial» (artículo 248.1. de la ley de enjuiciamiento civil) por el que ha de transitar la pretensión procesal en el proceso, aún se encuentra condicionado por factores sociológicos, culturales, o los relativos al modo de concebir ese tránsito que afectan a cómo se ha de plantear ante un tribunal y, sobre todo, a cómo se ha de proyectar ante quien ha de ser su destinatario.

Por lo pronto, el diseño de proceso, que parece acoger la ley de enjuiciamiento civil, respondería a la insoslayable impronta de lograr un proceso civil justo, equitativo y de efectiva tutela «con todas las garantías» procesales (artículo 24.2. de la Constitución) que se vincula, en la exposición de motivos de la ley de

---

104. Rúbrica del artículo 5 de la ley de enjuiciamiento civil.

enjuiciamiento civil a «que la inmediación, la publicidad (...) han de ser efectivas» (apartado XII de la exposición de motivos de la ley de enjuiciamiento civil) ocupándose *expressis verbis* la Constitución de su publicidad en la medida en que «las actuaciones judiciales serán públicas» (artículo 120. 1 de la Constitución). No, en cambio, de la inmediación procesal a pesar de que «solo de un debate oral regido por la inmediación, puede y debe el juez[105] sacar su convicción».

En ese tránsito de la pretensión procesal, a través de este diseño de proceso, es preciso recordar que, para que tenga lugar, han sido diversos los modelos de proceso existentes según fuera el protagonismo que al tribunal se le atribuía, sobre todo en materia probatoria, para que, conjuntamente con las partes personadas pudieran, también, perfilar su diseño final.

En su historia más reciente, la pretensión procesal ha anidado en un diseño de «proceso colaborativo/participativo por ser[106] un «medio de solventar el conflicto haciendo cesar el enfrentamiento, permitiendo que las partes digan todo lo que tengan que decir, presenten todas las pruebas que deseen y formulen las interpretaciones jurídicas que a su derecho convengan. Es decir, obligando a las partes escucharse ante la presencia del juez, que recibe toda la información que éstas presenten (...) al margen, por completo, de un contexto bélico —como sugiere, por ejemplo, el modelo adversarial estadounidense—, que además se compagina mal con un medio pacífico de resolución de conflictos como es el proceso jurisdiccional» pero que corre el riesgo de que, «una forma promisoria[107] de abordar el problema» de la verdad/y o justicia en el proceso, «es

105. Según Schönke, A., *Derecho procesal civil*. Bosch, Casa Editorial. Barcelona 1950, pág. 191.
106. Según Nieva Fenoll, J., *La ciencia jurisdiccional: novedad y tradición*. Marcial Pons. Madrid 2016, pág. 43.
107. Según Ferrer Beltrán, J., *Los poderes probatorios del juez y el modelo de proceso*, en XXXVIII Congreso colombiano de Derecho Procesal. Instituto colombiano de Derecho Procesal. Bogotá 2017, pág. 901.

considerar que es el Derecho, y no el proceso[108], el que debe ser considerado un método de resolución de conflictos» lo que llevaría, de forma promisoria, a negar la existencia misma del derecho procesal —y, de la pretensión procesal— al que no se le considera[109] «un método de resolución de conflictos». O, peor aún a eliminar la pretensión procesal y a que, a través de ella y mediante garantías procesales objetivables (con «todas las garantías» procesales dice el artículo 24.2. de la Constitución), pueda lograrse la tutela jurisdiccional[110] que «se podrá pretender de los tribunales» (artículo 5.1. de la ley de enjuiciamiento civil) de entre las *Clases de tutela jurisdiccional*[111] que regula el artículo 5 de la ley de enjuiciamiento civil.

A ese tránsito «colaborativo-participativo» de la pretensión procesal, hay que unir, en la actualidad, el que tiene lugar a través del proceso digital que se consolida con la publicación del Real Decreto-ley 6/2023[112] de caracterización policéntrica, sujeto al principio de legalidad a que alude el Real Decreto-ley 6/2023, y en el que se adopta una doble posición paritaria en cuanto a su conducción en la medida en que su tramitación será la que las partes deseen y asimétrica en cuanto a su resolución mediante sentencia a través de un redimensionamiento digital de la actuación del tribunal en colaboración con las partes que lo ubica más allá de ser un mero espectador de la «contienda judicial entre partes» (artículo 248.1. de la ley de enjuicia-

---

108. Según Ferrer Beltrán, J., *Los poderes probatorios del juez y el modelo de proceso*, en XXXVIII Congreso colombiano de Derecho Procesal. Instituto colombiano de Derecho Procesal. Bogotá 2017, pág. 901.

109. Según Ferrer Beltrán, J., *Los poderes probatorios del juez y el modelo de proceso*, en XXXVIII Congreso colombiano de Derecho Procesal. Instituto colombiano de Derecho Procesal. Bogotá 2017, pág. 901.

110. Tutela jurisdiccional que se encuentra presente en la rúbrica «*Clases de tutela jurisdiccional*» del artículo 5 de la ley de enjuiciamiento civil.

111. Rúbrica del artículo 5 de la ley de enjuiciamiento civil.

112. Es el *Real Decreto-ley 6/2023, de 19 de diciembre, por el que se aprueban medidas urgentes para la ejecución del Plan de Recuperación, Transformación y Resiliencia en materia del servicio público de justicia, función pública, régimen local y mecenazgo.*

miento civil) y en el que la colaboración, entre partes y abogados, se justifica en la parcialidad de unos y otros con el fin de
obtener, mediante la digitalización del proceso, que sus pretensiones procesales sean acogidas por el tribunal en la sentencia
que pronuncie.

Este nuevo proceso digital no responde a un diseño de proceso altruista más propio del colectivismo socialista que se sue-
le concretar en los denominados colectivos de abogados que
buscan desubicar, de la existencia de «contienda judicial entre
partes» (artículo 248.1. de la ley de enjuiciamiento civil), a quienes intervienen con plena libertad «en el curso del proceso y en
la ejecución de lo resuelto» (artículo 118 de la Constitución). Por
el contrario, es un diseño de proceso civil digital que sí se justifica en la libertad de quienes intervienen «en el curso del proceso y en la ejecución de lo resuelto» (artículo 118 de la Constitución) para ejercer sus respectivas pretensiones procesales con
el fin de obtener «justicia civil efectiva» que «significa, por consustancial al concepto de Justicia, plenitud de garantías procesales» (apartado I de la exposición de motivos de la ley de enjuiciamiento civil).

Pero, este diseño de proceso civil digital que surge del Real
Decreto-ley 6/2023 no es adversarial[113] o adversativo[114] como el
que se aplica, predominantemente, en el sistema jurídico del
common law al no tener lugar en el contexto de un debate y
confrontación ante el tribunal para que pueda percibir cuál de
las partes sostiene mejor su «caso» y, porque el descubrimiento
(*discovery*) de las pruebas (*evidencias*), siempre se atribuye a
las partes adversarias sin excepción alguna. Incluso, el diseño
de proceso digital que surge del Real Decreto-ley 6/2023, admi-

---

113. La palabra adversarial no está registrada en el Diccionario de la lengua
española. Según el Diccionario de la lengua española, la palabra que podría
estar relacionada es adversario. Disponible en: https://dle.rae.es/
adversarial?m=form.
114. Según el Diccionario de la lengua española, la palabra adversativo
denota oposición o contrariedad. Disponible en: https://dle.rae.es/
adversativo?m=form.

te que el tribunal se convierta en un sujeto activo del contradictorio que surge de la «contienda judicial entre partes» (artículo 248.1. de la ley de enjuiciamiento civil) mediante la regulación, en el Libro IV de la ley de enjuiciamiento civil, de los denominados «procesos civiles especiales»[115] en los que el tribunal inquiere y averigua sobre todo lo que sucede en su tramitación interviniendo en la proposición de la prueba a practicar en su presencia y sin perjuicio de que, en esa inquisición y averiguación, cuente también con la colaboración específica del fiscal por lo que el descubrimiento de las pruebas (el denominado *Discovery* del mundo anglosajón) no siempre se atribuye a las partes.

---

115. El Libro IV de la ley de enjuiciamiento civil tiene por rúbrica «*De los procesos civiles especiales*».

CAPÍTULO III
JURISDICCIÓN, ACCIÓN
Y PROCESO

1. LA PRETENSIÓN PROCESAL IMPERATIVO DE ORDEN PÚBLICO PROCESAL

La pretensión procesal, como clave de bóveda sobre la que se construye la arquitectura del proceso, se constituye en el más importante de sus contrafuertes con el que reforzar su estabilidad.

Su importancia radica en que, la pretensión procesal, se dirige a satisfacer el interés de los justiciables, pero conceptuada como un imperativo de orden público procesal, en la que históricamente se han integrado «otras figuras distintas por su naturaleza, pero que erróneamente venían a desempeñar en la ciencia del proceso la misión que a aquella correspondía». De esas figuras, tres[116] han sido las que esencialmente han desempeñado la equivoca misión del secuestro[117] del concepto procesal de

116. Guasp alude, en cambio, a dos. Una seria la acción «cuya explicación, compleja y dificultosa, tanto ha contribuido desgraciadamente a taponar el libre desarrollo de la evolución lógica del concepto de pretensión». La segunda es la demanda «que, hipertrofiando su verdadera significación, ha intentado constituir el punto de referencia intraprocesal que, por imperativo de las cosas, se hallaba reservado también a la figura de la pretensión». Guasp, J., *La pretensión procesal,* en Anuario de Derecho Civil, vol. 5, núm. 1 (1952), pág. 29.
117. Término utilizado por Guasp. Guasp, J., *La pretensión procesal,* en Anuario de Derecho Civil, vol. 5, núm. 1 (1952), pág. 29.

pretensión procesal como es el caso de la Jurisdicción y la Acción. Mientras que la tercera atinente al Proceso, la hipertrofia del procedimiento ahogó históricamente el concepto de pretensión procesal con el que poder pretender tutela jurisdiccional de un tribunal «con todas las garantías» procesales (artículo 24.2. de la Constitución)

La conceptuación de la pretensión procesal, como imperativo de orden público procesal, responde a la libertad con la que pretender tutela jurisdiccional[118] que, conjuntamente con la justicia y la igualdad, son «valores superiores» de nuestro ordenamiento jurídico constitucional que permiten que España se constituya «en un Estado social y democrático de derecho» (artículo 1.1. de la Constitución) en el que se respeta la ley y los derechos de los demás permitiendo el mantenimiento del orden constitucional y de la paz social (artículos 1.1. y 10.1. de la Constitución española).

Como imperativo de orden público procesal, la pretensión procesal es consustancial con la existencia de un Estado de Derecho por constituir el inexorable sustento de la arquitectura del proceso en los supuestos en que existe la «contienda judicial entre partes» a que alude el artículo 248.1. de la ley de enjuiciamiento civil. Su preterición supone la contienda ilegal entre partes por no regirse por principio de legalidad alguno (argumento *ex* artículo 1 de la ley de enjuiciamiento civil) originando, al interior del proceso, un desorden público procesal y, al exterior del proceso, un desorden público constitucional[119].

---

118. Es preciso recordar que, a la obtención de tutela jurisdiccional, responde la rúbrica *«Clases de tutela jurisdiccional»* del artículo 5 de la ley de enjuiciamiento civil.
119. La conceptuación de las normas procesales como imperativos de orden público procesal es desconocida por la doctrina. Cuando se alude a los denominados «conceptos jurídicos fundamentales» por Escobar Roca se enumeran como tales el «deber jurídico», el «acto ilícito», la «sanción», la «responsabilidad», el «derecho subjetivo», la «subjetividad jurídica», el «negocio jurídico» o, en fin, el «acto jurídico». Escobar Roca, G., *El derecho entre el Poder y la Justicia. Una*

El imperativo de orden público procesal no supone que «todo derecho en sentido jurídico material (estático) es[120] un dominio sobre algo» y que respondería[121] a la «denominada teoría imperativa» distinta a considerar «que todo derecho en sentido procesal (dinámico) es[122] una perspectiva de obtener algo» por lo que «formulando una antítesis se podría decir[123]: lo que un derecho en sentido jurídico material autoriza es el dominio sobre un imperativo, lo que un derecho en sentido procesal autoriza es el dominio de una situación. En el primer caso, un obligado está sometido a un imperativo, en el segundo, la persona que, sufre la carga procesal, queda sometida a una situación» que «fundamenta[124] la relación de una persona con una esperada sentencia judicial; esto es, la situación jurídica (*Rechtslage*)».

Por el contrario, el imperativo de orden público procesal no posee una proyección estática ni supone un dominio sobre algo en sentido jurídico material. El imperativo de orden público

---

introducción crítica al sistema jurídico español. Tirant Lo Blanch. Manuales. 2017, pág. 37, 38, 39, 40, 41, 42, 43, 44.

120. Según Goldschmidt, J., *Derecho. Derecho penal y Proceso III El proceso como situación jurídica. Una crítica al pensamiento procesal.* Traducción de Jacobo López Barja de Quiroga, Ramón Ferrer Baquero y León García Comendador Alonso. Marcial Pons 2015, pág. 276.

121. Según Goldschmidt, J., *Derecho. Derecho penal y Proceso III El proceso como situación jurídica. Una crítica al pensamiento procesal.* Traducción de Jacobo López Barja de Quiroga, Ramón Ferrer Baquero y León García Comendador Alonso. Marcial Pons 2015, pág. 276.

122. Goldschmidt, J., *Derecho. Derecho penal y Proceso III El proceso como situación jurídica. Una crítica al pensamiento procesal.* Traducción de Jacobo López Barja de Quiroga, Ramón Ferrer Baquero y León García Comendador Alonso. Marcial Pons 2015, pág. 256.

123. Goldschmidt, J., *Derecho. Derecho penal y Proceso III El proceso como situación jurídica. Una crítica al pensamiento procesal.* Traducción de Jacobo López Barja de Quiroga, Ramón Ferrer Baquero y León García Comendador Alonso. Marcial Pons 2015, pág. 277.

124. Goldschmidt, J., *Derecho. Derecho penal y Proceso III El proceso como situación jurídica. Una crítica al pensamiento procesal.* Traducción de Jacobo López Barja de Quiroga, Ramón Ferrer Baquero y León García Comendador Alonso. Marcial Pons 2015, pág. 277.

procesal es, en esencia, dinámico porque la justificación constitucional de la norma procesal —o, lo que es lo mismo, su compromiso constitucional—, le obliga a ser corresponsable con el modo en cómo se diseña dinámicamente el derecho «de todas las personas (...) a un proceso público con todas las garantías» procesales (artículo 24.1. y 2. de la Constitución) con el que el sujeto no[125] «sufre la carga procesal (...) sometida a una situación» que «fundamenta[126] la relación de una persona con una esperada sentencia judicial» que lo ubicaría[127] en «la situación jurídica (*Rechtslage*)» y en la «acción» como derecho subjetivo o del sujeto.

La pretensión procesal, tal y cómo es diseñada por el artículo 5 de la ley de enjuiciamiento civil, posee una proyección estática en la medida en que no se puede modificar o alterar en su tránsito a través del proceso sin que suponga, por añadidura, un dominio sobre algo en sentido jurídico material, «ni fundamenta[128] la relación de una persona con una esperada sentencia judicial» que lo situaría[129] en «la situación jurídica (*Rechtslage*)» porque es de justificación abstracta.

---

125. A pesar de lo que indica Goldschmidt, J., *Derecho. Derecho penal y Proceso III El proceso como situación jurídica. Una crítica al pensamiento procesal.* Traducción de Jacobo López Barja de Quiroga, Ramón Ferrer Baquero y León García Comendador Alonso. Marcial Pons 2015, pág. 277.
126. Según Goldschmidt, J., *Derecho. Derecho penal y Proceso III El proceso como situación jurídica. Una crítica al pensamiento procesal.* Traducción de Jacobo López Barja de Quiroga, Ramón Ferrer Baquero y León García Comendador Alonso. Marcial Pons 2015, pág. 277.
127. Según Goldschmidt, J., *Derecho. Derecho penal y Proceso III El proceso como situación jurídica. Una crítica al pensamiento procesal.* Traducción de Jacobo López Barja de Quiroga, Ramón Ferrer Baquero y León García Comendador Alonso. Marcial Pons 2015, pág. 277.
128. Según Goldschmidt, J., *Derecho. Derecho penal y Proceso III El proceso como situación jurídica. Una crítica al pensamiento procesal.* Traducción de Jacobo López Barja de Quiroga, Ramón Ferrer Baquero y León García Comendador Alonso. Marcial Pons 2015, pág. 277.
129. Según Goldschmidt, J., *Derecho. Derecho penal y Proceso III El proceso como situación jurídica. Una crítica al pensamiento procesal.* Traducción de

En definitiva, la pretensión procesal se instala en el proceso al margen de la «situación jurídica (*Rechtslage*)»[130] porque no se vincula «con una esperada sentencia judicial» que la situaría[131] en «la situación jurídica (*Rechtslage*)» para obtenerla ya que «se podrá pretender de los tribunales» tutela jurisdiccional (artículo 5.1. de la ley de enjuiciamiento civil) con independencia de que, a la pretensión procesal, le acompañe la condición, supuestamente legítima, de «quienes comparezcan y actúen en juicio como titulares de la relación jurídica u objeto litigioso» (artículo 10 de la ley enjuiciamiento civil) o se vincule con una esperada sentencia judicial» que la colocaría[132] en «la situación jurídica (*Rechtslage*)» para obtenerla o, en fin, que, con la pretensión procesal, no «se pide la actuación del ordenamiento jurídico en virtud[133] de un determinado interés sustancial, que se hace valer en el proceso» porque lo que «se pretende de los tribunales» es una de las *«Clases de tutela jurisdiccional»*[134] que regula el artículo 5 de la ley de enjuiciamiento civil. Pero, no «la

---

Jacobo López Barja de Quiroga, Ramón Ferrer Baquero y León García Comendador Alonso. Marcial Pons 2015, pág. 277.

130. Patrocinada por Goldschmidt, J., *Derecho. Derecho penal y Proceso III El proceso como situación jurídica. Una crítica al pensamiento procesal.* Traducción de Jacobo López Barja de Quiroga, Ramón Ferrer Baquero y León García Comendador Alonso. Marcial Pons 2015, pág. 277.

131. Según Goldschmidt, J., *Derecho. Derecho penal y Proceso III El proceso como situación jurídica. Una crítica al pensamiento procesal.* Traducción de Jacobo López Barja de Quiroga, Ramón Ferrer Baquero y León García Comendador Alonso. Marcial Pons 2015, pág. 277.

132. Según Goldschmidt, J., *Derecho. Derecho penal y Proceso III El proceso como situación jurídica. Una crítica al pensamiento procesal.* Traducción de Jacobo López Barja de Quiroga, Ramón Ferrer Baquero y León García Comendador Alonso. Marcial Pons 2015, pág. 277.

133. Según Zamora Hernández citando a Rengel Romberg. Zamora Hernández, R., *Acción, pretensión y demanda en el derecho procesal venezolano.* 2017, pág. 13.

134. Rúbrica del artículo 5 de la ley de enjuiciamiento civil.

actuación del ordenamiento jurídico en virtud[135] de un determinado interés sustancial».

En definitiva, la pretensión procesal es una garantía procesal para la parte en el proceso con la que «podrá pretender de los tribunales» tutela jurisdiccional abstracta (artículo 5.1. de la ley de enjuiciamiento civil) consistente en la declaración jurisdiccional de condena, meramente declarativa y constitutiva, ejecutiva, cautelar «y cualquier otra clase de tutela que esté expresamente prevista por la ley» (artículo 5.1. de la ley de enjuiciamiento civil) aun cuando no se ostente la titularidad de derechos e intereses legítimos (argumento *ex* artículo 10 de la ley de enjuiciamiento civil) lo que explica y justifica que opere mediante criterios de legalidad ordinaria que son imperativos de indudable orden público procesal ya que, si no se pretende tutela jurisdiccional mediante un proceso «con todas las garantías» procesales (artículo 24.2. de la Constitución) en el modo en que, de ordinario lo diseña la ley de enjuiciamiento civil mediante la pretensión procesal, se haría un uso inadecuado de la función jurisdiccional constitucional por el tribunal (artículo 117.3. de la Constitución) originándose un desorden público procesal.

2. PRETENSIÓN PROCESAL Y JURISDICCIÓN

La ley de enjuiciamiento civil opta por un diseño de proceso civil sustentado en la pretensión procesal de tutela jurisdiccional[136]. Su ejercicio es una de esas garantías procesales esenciales del derecho procesal que, la ley de enjuiciamiento civil ha

---

135. Según Zamora Hernández citando a Rengel Romberg. Zamora Hernández, R., *Acción, pretensión y demanda en el derecho procesal venezolano*. 2017, pág. 13.

136. Al diseño de un proceso civil sustentado en la pretensión procesal de tutela jurisdiccional responde la rúbrica *«Clases de tutela jurisdiccional»* del artículo 5 de la ley de enjuiciamiento civil.

tenido en cuenta al obligar que, la estructura del proceso, se adecúe a la tutela jurisdiccional que «se podrá pretender de los tribunales» (artículo 5.1. de la ley de enjuiciamiento civil).

Lo que se pretende mediante el ejercicio de la pretensión procesal es tutela jurisdiccional en el modo en que es diseñada en la ley de enjuiciamiento civil. No se pretende del órgano jurisdiccional «Jurisdicción» sino tutela jurisdiccional, pero de las *«Clases de tutela jurisdiccional»* que se regulan en el artículo 5.1. de la ley de enjuiciamiento civil. No es posible la confusión entre «Jurisdicción» y «tutela jurisdiccional»[137]. No es, por tanto, cierto que «la acción y la pretensión a la tutela jurídica tienen en común el hecho de que ambas nacen[138] del monopolio de la

---

137. No obstante, esa confusión entre Jurisdicción y la prestación de tutela jurisdiccional por un tribunal, se aprecia en Serra Domínguez cuando dice que «entendemos por jurisdicción la determinación irrevocable del derecho en un caso concreto, seguido, en su caso, por su actuación práctica». Serra Domínguez. M., *Jurisdicción, acción y proceso.* Atelier Libros Jurídicos. Barcelona 2008, pág. 53. Similar confusión se aprecia en Gimeno Sendra cuando dice que «las funciones de la Jurisdicción en el actual sistema jurídico pueden ser encuadradas en alguna de estas tres grandes categorías: A) *Protección de los derechos subjetivos y resolución de las controversias* que con motivo de su lesión o puesta en peligro se susciten...» Las otras dos categorías son B) *Control jurídico sobre los particulares y Administración* y C) *Función de complementación del ordenamiento jurídico.* Gimeno Sendra. V., *Fundamentos del derecho procesal (Jurisdicción, Acción y Proceso),* Colex 2024, pág. 141, 143, 144. La cursiva no es mía. Es del autor citado. También, la confusión entre Jurisdicción y la prestación de tutela jurisdiccional por un tribunal, se aprecia cuando Gutiérrez de Cabiedes dice que «la abolición de la autotutela (de la legitimidad de "tomarse la justicia por su mano") por el ordenamiento —por el Estado— exige necesariamente que deba existir una instancia —la jurisdicción— mediante la que se provea a la tutela del ordenamiento, del Derecho y de los derechos de los ciudadanos, de los sujetos jurídicos, función asumida hoy en día por el Estado y, asimismo, que deba reconocerse a los sujetos jurídicos el derecho de acudir a la jurisdicción para obtener esa tutela, esto es la realización del derecho y la protección en su caso, de los propios derechos (lo cual es (...) el derecho de *acción».* Gutiérrez de Cabiedes, P., *Derecho procesal. Parte general.* Tirant Lo Blanch. Manuales. Valencia 2018, pág. 273. La cursiva no es mía. Es del autor citado.
138. Según Guimarães Ribeiro, D., *La pretensión procesal y tutela judicial efectiva. Hacia una teoría procesal del derecho.* Bosch Editor. 2004, pág. 83, 84.

jurisdicción y pertenecen al *commune genus de los poderes en sentido amplio».* Tampoco es cierto que «la pretensión a la tutela jurídica pertenece al derecho público puesto que es[139] una consecuencia natural del monopolio de la Jurisdicción y está garantizada en la mayoría de las Constituciones modernas» o, en fin, que el monopolio de la Jurisdicción «creó el deber de prestar la tutela jurisdiccional efectiva a cualquier persona[140] que lo solicite».

La pretensión procesal no nace de la Jurisdicción ni es una consecuencia natural del monopolio de la Jurisdicción con la que se justifica el deber de prestar la tutela judicial efectiva a cualquier persona (artículo 24 de la Constitución) que, ciertamente, es una garantía constitucional abstracta pero que, a diferencia de la pretensión procesal que se puede renunciar, transaccionar o, en fin, disponer, no se puede renunciar ni anular y que se reconoce a «todas las personas» a las que alude ese artículo 24.1. de la Constitución al ser un derecho constitucional inclusivo siendo inconstitucional que un tribunal no permita su ejercicio ya que «todas las personas tienen derecho a obtener tutela efectiva de los jueces y tribunales» (artículo 24.1. de la Constitución).

En este nuevo diseño de la pretensión procesal, que adopta el artículo 5 de la ley de enjuiciamiento civil, la «acción» como derecho constitucional vinculada con la existencia de la Jurisdicción que, a su vez, legitima la existencia de un Poder Judicial, es inservible para definir la función de tutela jurisdiccional que se pretende del proceso y que se vehiculiza a través de la pretensión procesal porque, lo que se pretende mediante el ejercicio de la pretensión procesal, es tutela jurisdiccional. No se pretende del órgano jurisdiccional el ejercicio de la «acción»

---

139. Según Guimarães Ribeiro, D., *La pretensión procesal y tutela judicial efectiva. Hacia una teoría procesal del derecho.* Bosch Editor. 2004, pág. 85. La cursiva no es mía. Es del autor citado.
140. Según Guimarães Ribeiro, D., *La pretensión procesal y tutela judicial efectiva. Hacia una teoría procesal del derecho.* Bosch Editor. 2004, pág. 76.

con el que acceder a la Jurisdicción sino tutela jurisdiccional en los términos a que alude exclusivamente el artículo 5 de la ley de enjuiciamiento civil. No es posible la confusión entre Jurisdicción, como concepto constitucional, y Tutela Jurisdiccional.

No cabe duda que la importancia de la Constitución, en el diseño de la Jurisdicción, permite exhibirla igualmente como otra de las claves de bóveda sobre la que se construye la existencia misma de Juzgados y Tribunales a los que se atribuye la Jurisdicción o «potestad jurisdiccional constitucional» a que alude el artículo 117.3. de la Constitución. Pero, esa clave de bóveda, sobre la que se construye la existencia misma de Juzgados y Tribunales, es diversa de la función jurisdiccional[141] que, también la norma constitucional les atribuye «juzgando y haciendo ejecutar lo juzgado» (artículo 117.3. de la Constitución) y que, ahora sí, permite que «se podrá pretender de los tribunales» (artículo 5.1. de la ley de enjuiciamiento civil) una de las *«Clases de tutela jurisdiccional»*[142] que se regulan en el artículo 5 de la ley de enjuiciamiento civil.

Conviene destacar que, con el transcurrir de los años, se ha fortalecido una idea de extrema certidumbre; a saber: la «potestad jurisdiccional» es una garantía de justificación constitucional entendida como «dominio» y «poder» que se proyecta en la «Jurisdicción»; de ahí que «la Jurisdicción, por su naturaleza, supone siempre[143] «poder» o «potestad» «siendo función propia de la soberanía» lo que explica y justifica el monopolio estatal de la misma al ser correlativa con el concepto de soberanía del Estado.

La «potestad» supone, por tanto, que el tribunal ostente «Jurisdicción». Sin ostentar «Jurisdicción» el tribunal no puede ex-

---

141. Dice Couture que «la Jurisdicción, ante todo, es una función. Las definiciones que la conciben como una potestad, sólo señalan uno de los aspectos de la jurisdicción». Couture, E. J., *Fundamentos del derecho procesal civil*. Tomo I. Fundamentos del derecho procesal civil. LA LEY URUGUAYA. 2010, pág. 35, 36.
142. Es la rúbrica del artículo 5 de la ley de enjuiciamiento civil.
143. Según López-Moreno, S. *Principios fundamentales del procedimiento civil y criminal*. Tomo I. Madrid 1901, pág. 55.

hibir públicamente su «potestad». En definitiva, actuar con «Jurisdicción» significa actuar con «Poder» mediante la atribución de la «potestad» (artículo 117.3. de la Constitución) que se integra en el Poder Judicial (Título VI de la Constitución).

Pero, adviértase de inmediato que, acorde con su singular importancia, la «potestad jurisdiccional constitucional» no surge carente de nido. A ella no solo se alude en el artículo 117.3. de la Constitución. La ley orgánica del Poder Judicial tampoco es ajena a la significación constitucional de la «potestad jurisdiccional» que reafirma y asume a través del artículo 2 de la ley orgánica del Poder Judicial.

En efecto, la destacada importancia de la denominada «potestad jurisdiccional» estriba en que es clave para entender que, los tribunales determinados por la ley orgánica del Poder Judicial, son los que en exclusividad la ostentan porque poseen la «Jurisdicción» y, por ello, actúan con «Jurisdicción».

Al respecto, son bastantes los textos constitucionales de países del *civil law* los que, al abordar la posición de la «Jurisdicción», «contienen una cláusula —más o menos expresa— de exclusividad jurisdiccional. En el caso español, el legislador constituyente fue bastante preciso en este sentido[144] dando al artículo117.3 de la Constitución española de 1978 una precisión en cuanto al entendimiento de la exclusividad jurisdiccional mucho mayor que la reflejada en otros textos constitucionales europeos[145]: "el ejercicio de la potestad jurisdiccional en todo tipo de procesos, juzgando y haciendo ejecutar lo juzgado, corresponde exclusivamente a los Juzgados y Tribunales determi-

---

144. Según Aliste Santos, T. J., *Crisis de los presupuestos epistemológicos de la justicia en el mundo actual*, en La globalización jurídica. Líneas de manifestación en el derecho contemporáneo. Atelier. Libros jurídicos. Barcelona 2017, pág. 326.

145. Según Aliste Santos, T. J., *Crisis de los presupuestos epistemológicos de la justicia en el mundo actual*, en La globalización jurídica. Líneas de manifestación en el derecho contemporáneo. Atelier. Libros jurídicos. Barcelona 2017, pág. 326.

nados por las leyes, según las normas de competencia y procedimiento que las mismas establezcan"».

Históricamente, la garantía de la «potestad jurisdiccional» ha tenido en nuestro ordenamiento constitucional una amplia proyección. La «potestad» de los tribunales en orden a aplicar las leyes *in casu* se utiliza, por primera vez, en la Constitución de 1812 (el artículo 242 de la Constitución de 1812 aludía a la «potestad» de aplicar las leyes (...) pertenece exclusivamente a los tribunales»). Después de la Constitución de 1812, el constitucionalismo español no es ajeno a la existencia de la existencia de la «potestad jurisdiccional». En concreto, en la Constitución de 1837 (artículo 63), en la Constitución de 1845 que vuelve a repetir en su artículo 66 la fórmula que empleara la Constitución de 1837 y, luego, también en la Constitución de 1869 (artículo 91) hasta llegar a la Constitución de 1876, cuyo artículo 76, que reproduce literalmente el contenido del artículo 63 de la Constitución de 1837, constituye el antecedente más inmediato de la existencia de la «potestad jurisdiccional» del órgano jurisdiccional —Juzgado y Tribunal— que ofrece la actual Constitución española ya que la Constitución republicana de 1931 no decía que la jurisdicción implicaba «potestad» (artículo 94 a 106).

Ahora bien, la «potestad» como «Jurisdicción» entendida como «dominio» y «poder» sólo se garantiza en un Estado de Derecho mediante una Constitución democráticamente adoptada por lo que es sólo la norma constitucional democrática la que legitima la existencia de la «Jurisdicción» y, por tanto, de la «potestad» del tribunal al constituir una garantía constitucional.

La Jurisdicción, a diferencia de la pretensión procesal, ni se puede anular ni revocar. Es un derecho constitucional de acceso a la tutela judicial efectiva que el artículo 24.1. de la Constitución garantiza a «todas las personas». En cambio, con la pretensión procesal «se podrá pretender de los tribunales» algunas de las *«Clases de tutela jurisdiccional»*[146] que reconoce el artículo 5 de la ley de enjuiciamiento civil lo que obliga a

---

146. Rúbrica del artículo 5 de la ley de enjuiciamiento civil.

concluir que la pretensión procesal, a diferencia de la Jurisdicción, es dispositiva. A lo que se añade que, con la pretensión procesal, no se podrá pretender de los tribunales «Jurisdicción» y sí, en cambio, tutela jurisdiccional en los términos en que se diseña en el artículo 5 de la ley de enjuiciamiento civil que, a diferencia de la «Jurisdicción» se puede renunciar y transaccionar.

Por tanto, la «Jurisdicción» no es lo mismo que las *«Clases de tutela jurisdiccional»*[147] que «se podrá pretender de los tribunales» (argumento *ex* artículo 5 de la ley de enjuiciamiento civil) lo que explica que, esas *«Clases de tutela jurisdiccional»*[148] que se podrán pretender de un tribunal (argumento *ex* artículo 5 de la ley de enjuiciamiento civil), son diversas de la «Jurisdicción» porque con ellas no se accede a la «Jurisdicción» y sí, en cambio, a la tutela jurisdiccional del tribunal.

En definitiva, la Jurisdicción, a la que se considera, por la mayor parte de la doctrina procesal[149], como una de las bases en las que se justificaba [y, aún hoy, se justifica] el derecho procesal, ha sucumbido ante la pretensión procesal. Y, por tanto, no es un elemento clave para explicar la arquitectura del proceso que hace posible la pretensión procesal.

3. PRETENSIÓN PROCESAL Y EJERCICIO DEL DERECHO CONSTITUCIONAL DE ACCIÓN

Para el derecho procesal, la posibilidad de «accionar» es irrelevante desde el instante en que existe el compromiso constitu-

---

147. Rúbrica del artículo 5 de la ley de enjuiciamiento civil.
148. Rúbrica del artículo 5 de la ley de enjuiciamiento civil.
149. Según Sanchís Crepo, C. *et al. Derecho procesal I. Jurisdicción, acción y proceso*. Thomson Reuters Aranzadi. 2021, pág. 242. También, Ormazabal Sánchez considera la «Jurisdicción» como uno de los «tres ejes básicos» de la disciplina del Derecho procesal. Ormazabal Sánchez, G., *Introducción al derecho procesal*. Octava edición. Marcial Pons. 2023. pág. 9.

cional de efectiva tutela jurisdiccional[150] que es garantizada a «todas las personas» mediante el logro de un proceso justo y equitativo «con todas las garantías» procesales (artículo 24.1. y 2. de la Constitución) mediante el ejercicio de una pretensión procesal.

Es la pretensión procesal que no se confunde con la «acción» o «derecho de accionar» con el que «todas las personas» (artículo 24.1. de la Constitución) tienen reconocido, como derecho constitucional, el «derecho de acción»[151] que garantiza el «derecho» a obtener la tutela efectiva de los jueces y tribunales» (artículo 24.1. de la Constitución).

---

150. A ese compromiso constitucional de efectiva tutela jurisdiccional responde la rúbrica «*Clases de tutela jurisdiccional*» del artículo 5 de la ley de enjuiciamiento civil.

151. Del que la doctrina procesal ha polemizado según fuera contemplada en su versión «concreta» o en su versión «abstracta». Garberí Llobregat dice que «la teoría concreta, compartida entre nosotros por autores tan prestigiosos como Gómez Orbaneja o De la Oliva, ha sido objeto de diversas formulaciones a partir de WACH para quien la "acción" era la "pretensión de tutela del derecho material" (*Rechtschutzanspruch*), esto es, un derecho perteneciente al ámbito de Derecho público, independiente del derecho material en litigio, pero que no se satisfacía con la sola puesta en marcha de la actividad jurisdiccional sino que exigía adicionalmente la prestación de una tutela favorable a su titular». Garberí Llobregat, J., *Constitución y Derecho Procesal. Los fundamentos constitucionales del Derecho Procesal*. Cuadernos Cívitas. Thomson Reuters. Pamplona 2009, pág. 120. La llamada «teoría concreta» es también la que adopta Ormazabal Sánchez que dice que «me inclino por la concepción (...) concreta». Ormazabal Sánchez, G., *Introducción al derecho procesal*. Octava edición. Marcial Pons. 2023. pág. 127. Por su parte, Garberí Llobregat dice que «la teoría abstracta sobre la "acción", aunque presenta distintos matices, podría resumirse afirmando que parar ella la "acción" es el derecho de la actividad jurisdiccional, esto es, el derecho a acceder a la jurisdicción para obtener de la misma un pronunciamiento sobre el conflicto planteado, con independencia de su contenido o de si resulta favorable o adversa a quien lo ejercite. En España esta doctrina, hoy mayoritaria, es seguida, entre otros, por autores no menos prestigiosos, tales como Fairén, Morón, Ramos o Gimeno». Garberí Llobregat, J., *Constitución y Derecho Procesal. Los fundamentos constitucionales del Derecho Procesal*. Cuadernos Cívitas. Thomson Reuters. Pamplona 2009, pág. 121.

El «derecho de acción» es una garantía constitucional. Es su «principal aspecto constitutivo»[152] a lo que se une su «carácter abstracto y universal, en virtud de corresponder sin ninguna distinción[153] a todas las personas, con el fin de que puedan acudir ante los órganos investidos de jurisdicción» caracterizándose[154] por su «autonomía e independencia de la lesión de un derecho, así como de todo derecho material» ya que se satisface «siempre[155] con la decisión judicial, aunque declare fundada o infundada la pretensión».

Pero, la «disimilitud»[156] brota de inmediato entre la «acción» como derecho abstracto y universal a la jurisdicción de jueces y tribunales (artículo 24.1. de la Constitución) y la pretensión procesal entendida, ésta última, como el derecho de «pretender de los tribunales» (artículo 5.1. de la ley de enjuiciamiento civil) una de las «*Clases de tutela jurisdiccional*» que regula el artícu-

---

152. Según Zamora Hernández, R., *Acción, pretensión y demanda en el derecho procesal venezolano*. 2017, pág. 7. No obstante, dice Ormazabal Sánchez que «la acción es un derecho auxiliar o instrumental respecto de los derechos subjetivos materiales de los ciudadanos, un derecho dirigido a hacerlos efectivos mediante la actividad jurisdiccional. Este carácter auxiliar o instrumental de la acción respecto del derecho material al que presta efectividad explica su configuración diferente en función del tipo de derecho material al que sirve y a cuyas características, en consecuencia, ha de adaptarse». Ormazabal Sánchez, G., *Introducción al derecho procesal*. Octava edición. Marcial Pons. 2023. pág. 125, 126. También, Carrión Lugo dice que «el ejercicio de la acción es admisible para hacer valer algún derecho subjetivo, tutelado por el derecho objetivo». Carrión Lugo, J., *Teoría general del proceso. Acción jurisdicción y competencia. Sujetos que intervienen en el proceso. Hechos y actos procesales. Actividad decisoria del juez*. Instituto Pacifico. Lima. 2023, pág. 83.

153. Según Zamora Hernández, R., *Acción, pretensión y demanda en el derecho procesal venezolano*. 2017, pág. 7.

154. Según Zamora Hernández, R., *Acción, pretensión y demanda en el derecho procesal venezolano*. 2017, pág. 7.

155. Según Zamora Hernández citando a Rengel Romberg. Zamora Hernández, R., *Acción, pretensión y demanda en el derecho procesal venezolano*. 2017, pág. 8.

156. Según Pedraz Penalva. E., *Objeto del proceso y objeto litigioso*, en Presente y futuro del proceso civil. Bosch Editor. Barcelona 1998, pág. 76.

lo 5 de la ley de enjuiciamiento civil. No se pretende de los tribunales el derecho de «accionar» como derecho abstracto y universal a la jurisdicción de jueces y tribunales.

No es cierto que, «la pretensión a la tutela jurídica, así como la acción procesal, pertenecen tanto al demandante que pone en movimiento[157] la jurisdicción con la acción procesal, como al demandado». Tampoco es cierto que «la acción procesal es un mecanismo natural para la realización de la pretensión a la tutela jurídica que sería incompleta sin aquella, pues de nada sirve[158] un poder para excitar esta pretensión sino se tiene, correlativamente, la posibilidad de hacerlo»[159]. Ambas propuestas colisionan con la idea consistente en que, el objeto de la pretensión procesal, no es el controvertible «derecho de acción» que, tras la Constitución de 1978, se diseña como un «derecho» vinculado inexorablemente con su justificación constitucional pero que, con anterioridad a ese momento constitucional y en el devenir histórico del «derecho de acción» en nuestro país, nunca se ha explicado la «acción» en función de su vínculo con la norma constitucional.

Es cierto que «la doctrina se ha esforzado[160] más que por conocer la acción como génesis del proceso, por averiguar la esencia del poder jurídico a que dicha acción se halla conexionada, viniéndose así a tratar de averiguar, no una cuestión de concreto significado procesal sino un problema previo que rebasa los límites de tal especialidad» [la procesal]. Ese «problema previo

157. Según Guimarães Ribeiro, D., *La pretensión procesal y tutela judicial efectiva. Hacia una teoría procesal del derecho.* Bosch Editor. 2004, pág. 78.
158. Según Guimarães Ribeiro, D., *La pretensión procesal y tutela judicial efectiva. Hacia una teoría procesal del derecho.* Bosch Editor. 2004, pág. 86.
159. Dice Guimarães Ribeiro que «la acción procesal es el *derecho público y subjetivo inmediato de ejercer contra el Estado la pretensión a la tutela jurídica».* Guimarães Ribeiro, D., *La pretensión procesal y tutela judicial efectiva. Hacia una teoría procesal del derecho.* Bosch Editor. 2004, pág. 87. La cursiva no es mía. Es del autor citado.
160. Según Guasp, J., *La pretensión procesal* en Anuario de Derecho Civil, vol. 5, núm. 1 (1952), pág. 29.

que rebasa[161] los límites» de lo procesal sería la «acción» pues si se revisa «toda la complicada y prolija discusión en torno al concepto de acción, se observa[162] cómo, puestos de acuerdo implícitamente los polemizantes en torno a que la meta de sus esfuerzos la constituye la determinación de la esencia de un poder y no de la naturaleza de un acto, tratan[163] de poner en claro todos ellos cuál es el poder a que el proceso mismo, en cuanto engendrado por una actividad de parte, debe su existencia y no al acto que efectivamente le hace nacer». Poder que «se actuaba[164] en función de su contenido, bien atribuyéndolo al particular frente al Juez, bien atribuyéndolo al particular frente al particular» pero que permitió, «con su labor depuradora del concepto de acción procesal, observar[165] lo que hoy día[166] ya, en nuestra opinión, aparece claro: el carácter extraprocesal de la polémica en torno al concepto de acción procesal».

No se puede estar más de acuerdo con tan importante conclusión expresada en 1952[167]: el concepto de «acción» es extraprocesal. Es un concepto que no pertenece al derecho procesal ni constituye uno de los pilares sobre los que se construye el derecho procesal. La «acción» es un derecho de justificación constitucional cuyo reconocimiento por el artículo 24 de la Constitución ni se puede anular ni revocar. Actúa extrarradio de la pretensión procesal de la que sí se puede disponer.

---

161. Según Guasp, J., *La pretensión procesal* en Anuario de Derecho Civil, vol. 5, núm. 1 (1952), pág. 30.
162. Según Guasp, J., *La pretensión procesal* en Anuario de Derecho Civil, vol. 5, núm. 1 (1952), pág. 30.
163. Según Guasp, J., *La pretensión procesal* en Anuario de Derecho Civil, vol. 5, núm. 1 (1952), pág. 30.
164. Según Guasp, J., *La pretensión procesal* en Anuario de Derecho Civil, vol. 5, núm. 1 (1952), pág. 30.
165. Según Guasp, J., *La pretensión procesal* en Anuario de Derecho Civil, vol. 5, núm. 1 (1952), pág. 31.
166. En 1952. Guasp, J., *La pretensión procesal* en Anuario de Derecho Civil, vol. 5, núm. 1 (1952), pág. 31.
167. Por Guasp, J., *La pretensión procesal* en Anuario de Derecho Civil, vol. 5, núm. 1 (1952), pág. 31.

Partiendo de la anterior premisa metodológica, se explica[168] que haya podido quedar «durante tanto tiempo oscurecido el papel que la pretensión procesal asume en el proceso» y «que tal fenómeno se ha hecho posible en virtud de una sustitución conceptual que la ha colocado, en el lugar definidor que la pretensión ocupa, otras figuras realmente distintas por su naturaleza, pero que erróneamente[169] venían a desempeñar en la ciencia del proceso la misón que a aquella correspondía».

Por tanto, el ejercicio de la «acción» como derecho constitucional que se reconoce a «todas las personas» (artículo 24 de la Constitución), ha sucumbido ante la pretensión procesal con la que «se podrá pretender de los tribunales» tutela jurisdiccional (artículo 5.1. de la ley de enjuiciamiento civil). Pretensión procesal que se constituye en la clave de bóveda con la que obtener tutela jurisdiccional de un tribunal ya que, con ella, no se ejerce la «acción» como derecho constitucional[170] que surge vinculada con el ejercicio de la Jurisdicción sino como el derecho de pretender tutela jurisdiccional mediante el ejercicio funcional de la jurisdicción «juzgando y haciendo ejecutar lo juzgado» (artículo 117.3. de la Constitución) con «todas las garantías» procesales (artículo 24.2. de la Constitución).

Con anterioridad a la vigente ley de enjuiciamiento civil, no se ejercía pretensión procesal alguna al no ser considerada como uno de los elementos normativos de la estructura del proce-

---

168. Según Guasp, J., *La pretensión procesal* en Anuario de Derecho Civil, vol. 5, núm. 1 (1952), pág. 28.

169. Según Guasp, J., *La pretensión procesal* en Anuario de Derecho Civil, vol. 5, núm. 1 (1952), pág. 28, 29.

170. En el área iberoamericana, en cambio, Díaz Del Castillo Longas justifica que la pretensión procesal supone el ejercicio de la «acción» como derecho constitucional. Según Díaz Del Castillo Longas «en la construcción conceptual de la pretensión, se subsume, sin ninguna dificultad, la solicitud de los derechos constitucionales fundamentales, conocida con el nombre de «tutela», y regulada en el artículo 86 de la Constitución Política» de Colombia. Díaz Del Castillo Longas, A., *La petición de tutela como pretensión procesal. Una aproximación estructural,* en Revista Facultad de Derecho. Ratio Juris, vol. 4, núm. 9. Medellín - Colombia. Julio-diciembre de 2009, pág. 56.

so ni se consideró que, para que el «juicio ordinario principiara por demanda» (artículo 524 de la ley de enjuiciamiento civil de 1881), fuera necesario que contuviera una pretensión procesal. La pretensión procesal no existía para el proceso civil que se regulaba con la ley de enjuiciamiento civil de 1881. De ahí que una de las aportaciones más sobresalientes de la vigente ley de enjuiciamiento civil posiblemente consista en que se «podrá pretender de los tribunales» tutela jurisdiccional[171] con «todas las garantías» procesales (artículo 5.1. de la ley de enjuiciamiento civil y 24.2. de la Constitución) mediante el ejercicio de una concreta pretensión procesal.

En este nuevo diseño de la pretensión procesal, que adopta el artículo 5 de la ley de enjuiciamiento civil, la «acción» como derecho constitucional vinculada con la existencia de la Jurisdicción que, a su vez, legitima la existencia de un Poder Judicial, es inservible para definir la función de tutela jurisdiccional que se pretende del proceso y que se vehiculiza a través de la pretensión procesal.

Lo que se pretende mediante el ejercicio de la pretensión procesal es tutela jurisdiccional. No se pretende del órgano jurisdiccional, mediante el ejercicio de la «acción», acceder a su Jurisdicción sino tutela jurisdiccional en los términos a que alude el artículo 5 de la ley de enjuiciamiento civil. No es posible la confusión entre «Acción» como concepto constitucional y «Tutela jurisdiccional» porque «cuando se afirma que la acción es el poder de provocar una sentencia de los tribunales, bien sea una sentencia justa, como quiere algún sector que no puede prescindir del todo de la atribución de cierto contenido de la acción, bien sea de una sentencia sin más, como quiere la teoría abstracta pura, entonces se descubre[172], no solamente la ap-

---

171. En el modo en que es diseñada la tutela jurisdiccional que se pretende en el artículo 5 de la ley de enjuiciamiento civil rubricado *«Clases de tutela jurisdiccional»*.

172. Según Guasp J., *La pretensión procesal* en Anuario de Derecho Civil, vol. 5, núm. 1 (1952), pág. 31.

titud de esta concepción para explicar la realidad de la acción, sino también lo que hasta entonces no se veía con tanta limpieza; a saber, que el poder de provocar la actividad jurisdiccional existe desde luego, pero[173] ni por su naturaleza ni por su contenido pertenece en realidad a la ciencia del proceso».

La pretensión procesal no tiene por objeto y finalidad ejercer el «derecho de acción» o de «accionar» o de obtener tutela judicial efectiva (artículo 24 de la Constitución) por ser un derecho constitucional del que no se puede renunciar ni anular y que se reconoce a «todas las personas» a las que alude ese artículo 24 de la Constitución al ser un derecho constitucional inclusivo siendo inconstitucional que un tribunal no permita su ejercicio ya que «todas las personas tienen derecho a obtener tutela efectiva de los jueces y tribunales» (artículo 24.1. de la Constitución).

La «acción» por su condición de derecho constitucional irrenunciable, no puede —ni debe— constituir «uno de los tres pilares básicos[174] de nuestra asignatura» por ser incompatible, entre otras razones, con el carácter dispositivo de la pretensión procesal que, a diferencia de la «acción» como derecho constitucional, que no se puede renunciar ni anular, sí que, en cambio, la pretensión procesal se puede renunciar, transaccionar (principio de oportunidad), disponer e, incluso, anular sus efectos jurídicos procesales cuando se acude a un método alterno de resolución de conflictos (MASC).

Como se comprenderá de inmediato, con la pretensión procesal no se ejercita «otro derecho que es[175] el derecho de ac-

---

173. Según Guasp J., *La pretensión procesal* en Anuario de Derecho Civil, vol. 5, núm. 1 (1952), pág. 31.

174. Según Sanchís Crepo, C. *et al. Derecho procesal I. Jurisdicción, acción y proceso.* Thomson Reuters Aranzadi. 2021, pág. 242. Tambíen, Ormazabal Sánchez considera la «acción» como uno de los «tres ejes básicos» de la disciplina del Derecho procesal. Ormazabal Sánchez, G., *Introducción al derecho procesal.* Octava edición. Marcial Pons. 2023. pág. 9.

175. Según Rifá Soler, J.M., Richard González, M. y Riaño Brun, J., *Derecho procesal civil. Volumen I.* 2ª edición adaptada a la ley13/2009 de reforma de la

ción» cuya existencia es diversa al «derecho de acceso a los tribunales» y al «derecho al proceso o a la instancia» y que sería[176] un «derecho público frente al Estado, a obtener una tutela jurídica concreta, que sólo puede satisfacerse con una sentencia favorable» por lo que «a este respecto, es una carga del actor identificar, con toda precisión[177] en el "petitum" de la demanda cuál es el tipo de tutela que solicita y afirmar *"a limine"* que tiene derecho a ella» de modo que «el derecho de acción presupone[178] el derecho a la sentencia de fondo y está sometido a los requisitos que condicionan a aquel, a las llamadas condiciones de la acción: existencia de derecho subjetivo material, legitimación, interés y accionabilidad[179]» porque «sólo mediante la acción[180] el derecho adquiere una exteriorización práctica» ya que «la dinámica del derecho requiere[181] como punto inicial el desarrollo de la acción». Por tanto, tampoco sería correcto decir que «el concepto de acción concierne[182] a cuál sea la posición jurídica del ciudadano ante la jurisdicción, ante el Poder Judicial, ante los Tribunales —esto es, como *"justiciable"*— en orden a impetrar esa tutela y realización del derecho».

Oficina Judicial. Gobierno de Navarra 2010, pág. 120.

176. Según Rifá Soler, J.M., Richard González, M. y Riaño Brun, J., *Derecho procesal civil. Volumen I.* 2ª edición adaptada a la ley13/2009 de reforma de la Oficina Judicial. Gobierno de Navarra 2010, pág. 120.

177. Según Rifá Soler, J.M., Richard González, M. y Riaño Brun, J., *Derecho procesal civil. Volumen I.* 2ª edición adaptada a la ley13/2009 de reforma de la Oficina Judicial. Gobierno de Navarra 2010, pág. 121.

178. Según Rifá Soler, J.M., Richard González, M. y Riaño Brun, J., *Derecho procesal civil. Volumen I.* 2ª edición adaptada a la ley13/2009 de reforma de la Oficina Judicial. Gobierno de Navarra 2010, pág. 121.

179. La palabra «accionabilidad» no está registrada en el diccionario de la lengua española. Consulte: https://dle.rae.es/accionabilidad?m=form.

180. Según Serra Domínguez. M., *Jurisdicción, acción y proceso.* Atelier Libros Jurídicos. Barcelona 2008, pág. 183.

181. Según Serra Domínguez. M., *Jurisdicción, acción y proceso.* Atelier Libros Jurídicos. Barcelona 2008, pág. 183.

182. Según Gutiérrez de Cabiedes, P., *Derecho procesal. Parte general.* Tirant Lo Blanch. Manuales. Valencia 2018, pág. 273. La cursiva no es mía. Es del autor citado.

Pues bien, esta visión del «derecho de acción» como derecho de accionar «en concreto» tutela judicial efectiva (artículo 24 de la Constitución) ha sucumbido ante la pretensión procesal. La pretensión procesal no se confunde con el «derecho de acción». Conviene insistir en que con la pretensión procesal con la que «se podrá pretender de los tribunales» tutela jurisdiccional[183] de un tribunal con «todas las garantías» procesales (artículo 24.2. de la Constitución) permite su declaración abstracta en su triple proyección de condena, meramente declarativa y constitutiva, ejecutiva, cautelar «y cualquier otra clase de tutela que esté expresamente prevista por la ley» (artículo 5.1. de la ley de enjuiciamiento civil)[184] porque no es lo mismo el derecho constitucional de «accionar» la Jurisdicción de un tribunal que la Constitución garantiza que no se puede revocar ni anular, que la pretensión procesal que se puede disponer[185] e, in-

---

183. En el modo en que es diseñada la tutela jurisdiccional que se pretende en el artículo 5 de la ley de enjuiciamiento civil rubricado «*Clases de tutela jurisdiccional*».

184. No obstante, Pérez-Cruz Martín al confundir la pretensión procesal de tutela jurisdiccional (artículo 5 de la ley de enjuiciamiento civil) con la acción dice —siguiendo a Gómez de Liaño— que «en función de las diferentes posibilidades la doctrina ha construido la distinción entre las acciones declarativas o de conocimiento, las ejecutivas y las cautelares. La acción declarativa, o más estrictamente, el ejercicio de la misma da origen a un proceso encaminado a obtener la mera declaración de existencia o inexistencia de una relación jurídica (meramente declarativa) o a obtener una prestación procedente de la contraparte (de condena) o a modificar una situación jurídica existente (constitutiva). La acción ejecutiva abre un proceso dirigido a obtener la efectividad de un derecho previamente reconocido o declarado, en situaciones de incumplimiento voluntario del condenado previamente en sentencia. La acción cautelar tiene como objetivo el aseguramiento de la ejecución futura, dando lugar a la apertura del proceso cautelar, cuya naturaleza jurídica es, doctrinalmente, discutible». Pérez-Cruz Martín, A. J., *Introducción al Derecho Procesal*. Tórculo Edicións. Santiago de Compostela 2008, pág. 245, 246.

185. El apartado VI de la exposición de motivos de la ley de enjuiciamiento civil dice que «la nueva ley de enjuiciamiento civil sigue inspirándose en el principio de justicia rogada o principio dispositivo, del que se extraen todas sus razonables consecuencias, con la vista puesta, no sólo en que, como regla,

cluso, renunciar (artículo 19 y 20 de la ley de enjuiciamiento civil) a la que se vincula con la «petición» de lo que se demanda y «con los pronunciamientos judiciales que se pretendan» (artículo 399.5. de la ley de enjuiciamiento civil) pero que, no obstante, son ajenos al planteamiento de la pretensión procesal cuya propuesta en la demanda no depende de que, quien la propone, sea o no titular de derecho subjetivo alguno. Titularidad que únicamente existirá con la sentencia que pronuncie el tribunal. No con el ejercicio de la pretensión procesal.

No obstante, resulta sorprendente que, el legislador de la exposición de motivos de la ley de enjuiciamiento civil, no haya dedicado ni una sola de sus indicaciones a la aportación, ciertamente sobresaliente, que, a nivel metodológico, supone el ejercicio de una pretensión procesal para distinguirla de la «acción» como derecho constitucional. La pretensión procesal se siente afligida ante el posicionamiento de ese legislador.

Conviene recordar que, al legislador de la exposición de motivos de la ley de enjuiciamiento civil, sólo parece preocuparle, cuando redacta esa exposición, el uso lingüístico de la expresión «pretensión procesal» respecto del uso, igualmente lingüístico, que se puede hacer de la expresión «acción» «y, por ello —dice la exposición de motivos—, no se considera inconveniente, sino todo lo contrario, mantener diversidades expresivas para las mismas realidades, cuando tal fenómeno ha sido acogido tanto en el lenguaje común como en el jurídico. Así, por ejemplo (…), se emplea en unos casos los vocablos *"pretensión"* o *"pretensiones"* y, en otros, el de *"acción"* o *"acciones"*[186] como aparecían en la Ley [de enjuiciamiento civil] de 1881 y en la jurisprudencia y doctrina posteriores, durante más de un siglo,

---

los procesos civiles persiguen la tutela de derechos e intereses legítimos de determinados sujetos jurídicos, a los que corresponde la iniciativa procesal y la configuración del objeto del proceso, sino en que las cargas procesales atribuidas a estos sujetos y su lógica diligencia para obtener la tutela judicial que piden, pueden y deben configurar razonablemente el trabajo del órgano jurisdiccional, en beneficio de todos».
186. La cursiva es mía.

sin que ello originara problema alguno» (apartado IV de la exposición de motivos de la ley de enjuiciamiento civil).

No le asiste la razón al legislador de la exposición de motivos de la ley de enjuiciamiento civil. No es cierto que la «acción» y la pretensión procesal sean «diversidades expresivas para las mismas realidades» (apartado IV de la exposición de motivos de la ley de enjuiciamiento civil). No. En absoluto.

4. PRETENSIÓN PROCESAL Y EJERCICIO DEL DERECHO SUBJETIVO DE ACCIÓN

Cuando la ley de enjuiciamiento civil alude al denominado «interés de los justiciables» con el que «demandan o pueden demandar tutela jurisdiccional, en verdad efectiva, para sus derechos e intereses legítimos» (apartado I de la exposición de motivos de la ley de enjuiciamiento civil) germina la semilla con la que sería posible «pretender de los tribunales» (artículo 5.1. de la ley de enjuiciamiento civil) una declaración de tutela jurisdiccional[187] cuando esos «justiciables «dicen ser «titulares de la relación jurídica u objeto litigioso» que demandan (argumento *ex* artículo 10 de la ley de enjuiciamiento civil).

No obstante, la pretensión procesal con la que sería posible «pretender de los tribunales» tutela jurisdiccional (artículo 5.1. de la ley de enjuiciamiento civil), es diversa de la posible titularidad de la relación jurídica u objeto litigioso» (argumento *ex* artículo 10 de la ley de enjuiciamiento civil) al no confundirse con el ejercicio de la «acción» como derecho subjetivo.

La pretensión procesal es siempre de justificación abstracta ya que, con ella, no siempre es posible «pretender de los tribunales» (artículo 5.1. de la ley de enjuiciamiento civil) el reconocimiento en la sentencia del concreto derecho del sujeto —o,

---

187. En el modo en que es diseñada la tutela jurisdiccional que se pretende en el artículo 5 de la ley de enjuiciamiento civil rubricado «*Clases de tutela jurisdiccional*».

derecho subjetivo— que se «acciona»; reconocimiento que únicamente tiene lugar cuando el tribunal pronuncia su sentencia acerca de si lo que se demandó supuso el reconocimiento de lo que se «accionó» como derecho del sujeto —o, derecho subjetivo—. No es, por tanto, cierto que «la pretensión procesal es el reflejo jurídico[188] de la acción material».

Luego, la pretensión procesal con la que sería posible «pretender de los tribunales» (artículo 5.1. de la ley de enjuiciamiento civil) una declaración de tutela jurisdiccional de condena, constitutiva o meramente declarativa, ejecutiva, cautelar y «cualquier otra clase de tutela que esté expresamente prevista por la ley» (artículo 5.1. de la ley de enjuiciamiento civil) no se confunde con la «acción» entendida como el derecho del sujeto. Ni «la eficacia de la pretensión está condicionada[189] por la *legitimación* y la fundamentación». No. En absoluto.

Por el contrario, la eficacia de la pretensión procesal está condicionada por la tutela jurisdiccional que «se podrá pretender de los tribunales» (artículo 5.1. de la ley de enjuiciamiento civil) de entre las *«Clases de tutela jurisdiccional»*[190] que regula la ley de enjuiciamiento civil al poseer una justificación abstracta. Aunque no es menos cierto que «la concreta pretensión deducida, conecta[191] el derecho sustantivo (en el que para un supuesto de hecho se prevé una consecuencia jurídica determi-

---

188. Según Guimarães Ribeiro, D., *La pretensión procesal y tutela judicial efectiva. Hacia una teoría procesal del derecho.* Bosch Editor. 2004, pág. 124.
189. Según Gimeno Sendra V., *Fundamentos del derecho procesal (Jurisdicción, Acción y Proceso)*, Colex 2024, pág. 155. La cursiva no es mía. Es del autor de la cita.
190. Rúbrica del artículo 5 de la ley de enjuiciamiento civil.
191. Según Rabadán Torrecilla, Mª. B., *et al. Manual de derecho procesal civil.* Fe d'erratas. Colección universidad. Madrid 2014, pág. 70. No obstante, las reflexiones de Rabadán Torrecilla no están presididas por el epígrafe «Pretensión procesal» sino por «1.1. Acción» que acreditan la usurpación metodológica de la «acción» respecto de la pretensión procesal. Concepto de «acción» que, obviamente, no regula la ley de enjuiciamiento civil. Rabadán Torrecilla, Mª. B., *et al Manual de derecho procesal civil.* Fe d'erratas. Colección universidad. Madrid 2014, pág. 70.

nada) con el derecho procesal (acudo al proceso pretendiendo la tutela judicial, ejercitando la acción de la que me creo asistido por la norma jurídica sustantiva)». Por tanto, «solicito una tutela jurisdiccional concreta y especifica, (petitum) y la pido en el ejercicio de las acciones que el derecho sustantivo me otorga frente a otro sujeto, en base[192] a las razones que entiendo me asisten conforme a la regulación del ordenamiento jurídico (razón de pedir o "causa petendi"».

Pero, de inmediato, conviene advertir que el «derecho de acción» o de «accionar», como derecho subjetivo o del sujeto justificado en el ejercicio de «derechos e intereses legítimos» (que es lo que debe reconocer o declarar la sentencia mediante la demanda) porque «solicito una tutela jurisdiccional concreta y especifica, (petitum) y la pido en el ejercicio de las acciones que el derecho sustantivo me otorga frente a otro sujeto, en base[193] a las razones que entiendo me asisten conforme a la regulación del ordenamiento jurídico (razón de pedir o "causa petendi"», es irrelevante desde la perspectiva del ejercicio de la pretensión procesal al proyectarse, ese «derecho de acción», sobre un *iudicando* cuya titularidad únicamente se reconoce con la sentencia que ponga término a la demanda estructurada se-

---

192. Según Rabadán Torrecilla, Mª. B., *et al. Manual de derecho procesal civil.* Fe d'erratas. Colección universidad. Madrid 2014, pág. 70. Es preciso insistir en que las reflexiones Rabadán Torrecilla no están presididas por el epígrafe «Pretensión procesal» sino por «1.1. Acción» que acreditan la usurpación metodológica de la «acción» respecto de la pretensión procesal. Concepto de «acción» que, obviamente, no regula la ley de enjuiciamiento civil. Rabadán Torrecilla, Mª. B., *et al Manual de derecho procesal civil.* Fe d'erratas. Colección universidad. Madrid 2014, pág. 70.
193. Según Rabadán Torrecilla, Mª. B., *et al. Manual de derecho procesal civil.* Fe d'erratas. Colección universidad. Madrid 2014, pág. 70. Es preciso insistir en que las reflexiones Rabadán Torrecilla no están presididas por el epígrafe «Pretensión procesal» sino por «1.1. Acción» que acreditan la usurpación metodológica de la «acción» respecto de la pretensión procesal. Concepto de «acción» que, obviamente, no regula la ley de enjuiciamiento civil. Rabadán Torrecilla, Mª. B., *et al Manual de derecho procesal civil.* Fe d'erratas. Colección universidad. Madrid 2014, pág. 70.

gún sea la pretensión procesal que «se podrá pretender de los tribunales» (artículo 5.1. de la ley de enjuiciamiento civil) porque «la legitimación[194] no interesa al Derecho procesal, que en realidad vuelve[195] a la sede de la que nunca debió salir: El Derecho privado».

---

194. Por la que «serán considerados partes legítimas quienes comparezcan y actúen en juicio como titulares de la relación jurídica u objeto litigioso» (artículo 10 de la ley de enjuiciamiento civil).

195. Según Nieva Fenoll, J., *Derecho procesal II. Proceso civil.* Marcial Pons. 2015, pág. 46. No obstante, en el área iberoamericana, en cambio, Marinoni sostiene que «en el Estado constitucional, pretender que el proceso sea neutro respecto al *derecho material es negarle valor. Un proceso neutro es incapaz de atender a las necesidades de tutela de los nuevos derechos y, por ende, de posibilitar el cumplimiento del deber estatal de tutela de los derechos, que constituyen la esencia del Estado contemporáneo»* porque «para hablar de efectividad de la acción hay que partir de la premisa, hoy indiscutible, de que el proceso debe responder al derecho material y llegar a la consecuencia —natural— de *que el derecho de acción lo ejercita el actor para lograr la tutela efectiva del derecho, que así innegablemente exige un procedimiento y unas técnicas procesales idóneas»* Marinoni, L. G., *Derecho a la tutela judicial de los derechos,* en Derecho material y proceso. El modo cómo el proceso se adecúa a la tutela del derecho material. Palestra. Lima 2017, pág. 29, 30. La cursiva no es mía. Es del autor de la cita. También Carrión Lugo sostiene que la pretensión procesal «se sustenta en el derecho de un sujeto, cuya tutela jurídica solicita mediante la acción al órgano jurisdiccional». Carrión Lugo, J., *Teoría general del proceso. Acción jurisdicción y competencia. Sujetos que intervienen en el proceso. Hechos y actos procesales. Actividad decisoria del juez.* Instituto Pacifico. Lima. 2023, pág. 83. 84. Posiblemente, esa confusión entre el concepto de «acción» respecto del de pretensión procesal puede que provenga de la afirmación de Taruffo cuando dice que «se impone una primera consideración, según la cual la referencia a las normas de derecho sustancial representa una necesidad para las partes como para el juez, ya en la fase que se determina el objeto de hecho y de derecho de la controversia» porque «un comportamiento típico del procesalista consiste en tener en consideración únicamente las normas de naturaleza procesal, dejando de lado en su discurso, o, sin ocuparse siquiera, del derecho sustancial». Taruffo, M., *Derecho sustancial y material,* en Derecho material y proceso. El modo cómo el proceso se adecúa a la tutela del derecho material. Palestra. Lima 2017, pág. 13, 15.

Por tanto, aun cuando la pretensión procesal pueda conectar[196] «el derecho sustantivo (en el que para un supuesto de hecho se prevé una consecuencia jurídica determinada) con el derecho procesal», no se confunde con la «acción» porque la pretensión procesal no es el objeto del proceso que «viene constituido[197] por el "thema decidendi" o el tema o temas a resolver[198] por el órgano jurisdiccional». En efecto, «no cabe discutir[199] que la petición de la iniciación de un proceso es un acto conceptualmente distinto de la petición de una actuación de fondo del órgano jurisdiccional: una cosa es[200] que el acreedor pida que comience un proceso entre su deudor y él y otra que pida, dentro de ese proceso, la condena de su deudor al pago del crédito. Si la demanda es típicamente un acto de iniciación o comienzo procesal podrá ser, pero no tiene por qué ser[201] a la vez una formulación de peticiones de fondo»[202].

---

196. Según Rabadán Torrecilla, Mª. B., *et al. Manual de derecho procesal civil*. Fe d'erratas. Colección universidad. Madrid 2014, pág. 70.

197. Según Rabadán Torrecilla, Mª. B., *et al. Manual de derecho procesal civil*. Fe d'erratas. Colección universidad. Madrid 2014, pág. 70.

198. Según Gutiérrez Barrenengoa, A., *et al. El proceso civil. Parte general, el juicio verbal y el juicio ordinario*. Francisco Lledó Yagüe Editor. 5ª edición revisada y actualizada. 2020. Dykinson, pág. 115.

199. Según Guasp, J., *Comentarios a la ley de enjuiciamiento civil*. Tomo Segundo. Volumen Primero. Primera Parte. M. Aguilar Editor. Madrid 1945, pág. 234.

200. Según Guasp, J., *Comentarios a la ley de enjuiciamiento civil*. Tomo Segundo. Volumen Primero. Primera Parte. M. Aguilar Editor. Madrid 1945, pág. 234.

201. Según Guasp, J., *Comentarios a la ley de enjuiciamiento civil*. Tomo Segundo. Volumen Primero. Primera Parte. M. Aguilar Editor. Madrid 1945, pág. 234.

202. Dice Viedma García que en la demanda «es habitual, aunque no necesario, indicar la clase de acción que se ejercita, por ejemplo, "en ejercicio de la acción de retracto". El artículo 524 de ley de enjuiciamiento civil de 1881 establecía que la demanda debía expresar la clase de acción que se ejercitaba cuando por ella había de determinarse la competencia, pero el vigente artículo 399 de la ley de enjuiciamiento civil no tiene un precepto similar. No obstante, resulta conveniente hacerlo —especialmente si la materia determina la competencia o el tipo de procedimiento— a fin de facilitar el control de su admisión». Viedma

La «acción» con la que[203] «solicito una tutela jurisdiccional concreta y especifica (petitum) y la pido en el ejercicio de las "acciones" que el derecho sustantivo me otorga frente a otro sujeto», responde a la posible titularidad «de la relación jurídica u objeto litigioso» (artículo 10 de la ley de enjuiciamiento civil) pero que, no obstante, al ser diversa de la pretensión procesal de tutela jurisdiccional, se certifica que la «acción» ha sucumbido ante la pretensión procesal con la que es posible «pretender de los tribunales» las *«Clases de tutela jurisdiccional»*[204] que se agrupan con el ejercicio de la pretensión procesal porque siempre[205] «se podrá pretender de los tribunales» una pretensión procesal (argumento *ex* artículo 5.1. de la ley de enjuiciamiento civil) con independencia del derecho del sujeto que hace uso de la «acción» que, entendida como el derecho del sujeto, únicamente se reconocerá, en su caso, con la sentencia que pronuncia un tribunal.

Por tanto, lo que se pretende de los tribunales es una pretensión procesal de tutela jurisdiccional de las *«Clases de tutela jurisdiccional»*[206] que reconoce el artículo 5 de la ley de enjuiciamiento civil pero no se pretende de los tribunales el ejercicio de una «acción».

La pretensión procesal no es, por tanto «la petición que el actor dirige a un tribunal, frente a otra persona, de que dicte sentencia con un determinado contenido sobre[207] un concreto bien jurídico» como si la pretensión procesal comprendiera la «acción» entendida como el ejercicio de un derecho subjetivo

García, J. M., *Alegaciones iniciales del juicio ordinario. Demanda, contestación y reconvención*. Atelier Libros Jurídicos. 2024, pág. 24.

203. Según Rabadán Torrecilla, Mª. B., *et al. Manual de derecho procesal civil.* Fe d'erratas. Colección universidad. Madrid 2014, pág. 70.

204. Es la rúbrica del artículo 5 de la ley de enjuiciamiento civil.

205. Dado su carácter dispositivo. El artículo 5.1. de la ley de enjuiciamiento dice que «se podrá pretender...».

206. Es la rúbrica del artículo 5 de la ley de enjuiciamiento civil.

207. Según Ortells Ramos, M., *et al. Derecho procesal civil.* 18ª Edición. Thomson Reuters. Aranzadi. 2019, pág. 203.

con el que obtener un «determinado contenido sobre un concreto[208] bien jurídico» a través de lo que se demanda. Con la pretensión procesal no siempre es posible «pretender de los tribunales» (artículo 5.1. de la ley de enjuiciamiento civil) el reconocimiento en la sentencia del derecho del sujeto —o, derecho subjetivo— y, por tanto, tampoco un «determinado contenido sobre un concreto[209] bien jurídico». Reconocimiento que no siempre es posible «pretender de los tribunales» (artículo 5.1. de la ley de enjuiciamiento civil) y que sólo tiene lugar cuando el tribunal pronuncia su sentencia. Por esa razón, la pretensión procesal es de contenido y justificación abstracta y, además, funcional porque[210] «la pretensión procesal mantiene funcionalmente en vida al proceso» puesto que[211] «origina, mantiene y concluye un proceso con su propio nacimiento, mantenimiento y conclusión» con independencia del derecho del sujeto que hace uso de la «acción» que, entendida como el derecho del sujeto, únicamente se reconocerá, en su caso, con la sentencia que pronuncia un tribunal.

Para comprenderlo mejor, conviene tener presente que no es metodológicamente posible incluir la pretensión procesal en la «acción». Inclusión que se presta, aún a mayor confusión, cuando «los partidarios de la llamada **teoría concreta** identifican objeto del proceso con[212] acción, mientras que los doctrinarios de la **teoría abstracta** lo identifican con[213] pretensión».

---

208. Según Ortells Ramos, M., *et al. Derecho procesal civil.* 18ª Edición. Thomson Reuters. Aranzadi. 2019, pág. 203.
209. Según Ortells Ramos, M., *et al. Derecho procesal civil.* 18ª Edición. Thomson Reuters. Aranzadi. 2019, pág. 203.
210. Según Guasp J., *La pretensión procesal* en Anuario de Derecho Civil, vol. 5, núm. 1 (1952), pág. 52.
211. Según Guasp J., *La pretensión procesal* en Anuario de Derecho Civil, vol. 5, núm. 1 (1952), pág. 54.
212. Según Escudero Herrera, C., *Derecho procesal civil.* 2ª edición. Udima y Centro de Estudios Financieros. Madrid 2019, pág. 98. La negrita no es mía. Es del autor citado.
213. Según Escudero Herrera, C., *Derecho procesal civil.* 2ª edición. Udima y Centro de Estudios Financieros. Madrid 2019, pág. 98. La negrita no es mía. Es del autor citado.

Como se comprenderá, y «mientras el concepto de acción ha absorbido de esta manera la inmensa mayoría de los esfuerzos científicos de los procesalistas sobre las bases conceptuales del proceso, la figura de la pretensión ha quedado sin esclarecer, pues[214] a lo sumo se aludía a ella como un mero ejercicio o manifestación práctica del poder en que la acción consistía».

En definitiva, por petición fundada de la pretensión procesal «se entiende la que invoca[215] un fundamento, sea éste auténtico, o no» porque la invocación del fundamento [de la pretensión procesal] opera, no como justificante, sino como determinante[216] de la pretensión misma. Si el actor reclama la devolución de un bien en concepto de propietario, en la pretensión procesal invoca la propiedad del bien, no como motivo de la solicitud, sino como contorno[217] que le sirve para fijar, de todas las posibles relaciones que guarda con el bien reclamado, aquella a la que concretamente refiere su solicitud».

De inmediato, se comprenderá que la pretensión procesal ni se confunde con la «acción»[218] ni comparte espacio[219] con ella ya que lo que se pretende es tutela jurisdiccional ubicable en las clases que de ella regula el artículo 5.1. de la ley de enjuiciamiento civil.

La pretensión procesal es, además, un derecho. Es el derecho que se tiene a obtener la clase de tutela jurisdiccional que reconoce el artículo 5.1. de la ley de enjuiciamiento civil y que,

214. Según Guasp, J., *La pretensión procesal,* en Anuario de Derecho Civil, vol. 5, núm. 1 (1952), pág. 32, 33.
215. Según Guasp, J., *La pretensión procesal* en Anuario de Derecho Civil, vol. 5, núm. 1 (1952), pág. 50.
216. Según Guasp, J., *La pretensión procesal* en Anuario de Derecho Civil, vol. 5, num. 1 (1952), pág. 50.
217. Según Guasp, J., *La pretensión procesal* en Anuario de Derecho Civil, vol. 5, núm. 1 (1952), pág. 50.
218. Según Blanco López, J., *et al. El proceso civil. Parte general, el juicio verbal y el juicio ordinario.* 5ª edición revisada y actualizada. Francis Lledó Yagüe editor. Madrid 2020, pág. 192.
219. Según Escudero Herrera, C., *Derecho procesal civil.* 2ª edición. Udima y Centro de Estudios Financieros. Madrid 2019, pág. 98.

como tal derecho, sí es algo que se tiene consistente en el derecho a obtener tutela jurisdiccional[220] ubicable, mediante una aportación extraordinariamente sobresaliente de la vigente ley de enjuiciamiento civil, en las clases que, de ella (de tutela jurisdiccional[221]), regula el artículo 5.1 de la ley de enjuiciamiento civil por lo que la pretensión procesal, al tiempo que es un derecho que se tiene, es un derecho que se hace a través del *procedendo* del proceso «con todas las garantías» procesales (artículo 24.2. de la Constitución).

La pretensión procesal es, por tanto, un derecho con el que «se podrá pretender de los tribunales» tutela jurisdiccional (artículo 5.1. de la ley de enjuiciamiento civil). Pero, al propio tiempo supone[222] «una relación naturalmente de carácter ideal» al no pertenecer[223] «a la esfera de los entes tangiblemente reales» haciendo «innecesario[224] insistir en la afirmación de que el objeto del proceso, así entendido «no lo constituye[225] ni la relación jurídico-material deducida en juicio, ni el bien de la vida concreto a que el proceso afecta»[226] porque no siempre es posible «pretender de los tribunales» tutela jurisdiccional (artículo 5.1. de la ley de enjuiciamiento civil) con la finalidad de proce-

---

220. En el modo en que es diseñada la tutela jurisdiccional que se pretende en el artículo 5 de la ley de enjuiciamiento civil rubricado *«Clases de tutela jurisdiccional»*.

221. La rúbrica del artículo 5 de la ley de enjuiciamiento civil es *«Clases de tutela jurisdiccional»*.

222. Según Guasp, J., *La pretensión procesal* en Anuario de Derecho Civil, vol. 5, núm. 1 (1952), pág. 35.

223. Según Guasp, J., *La pretensión procesal* en Anuario de Derecho Civil, vol. 5, núm. 1 (1952), pág. 35.

224. Según Guasp, J., *La pretensión procesal* en Anuario de Derecho Civil, vol. 5, núm. 1 (1952), pág. 35.

225. Según Guasp, J., *La pretensión procesal* en Anuario de Derecho Civil, vol. 5, núm. 1 (1952) 1952, pág. 35.

226. Lo que explicaría que Montero Aroca diga que «la pretensión no es un derecho, no es algo que se tiene, es algo que se hace». Montero Aroca, J., *El proceso civil. Los procesos ordinarios de declaración y de ejecución*. 2ª. Edición. Tirant Lo Blanch Tratados. Valencia 2016, pág. 113.

der al reconocimiento en la sentencia del derecho del sujeto —o, derecho subjetivo— y, por tanto, de un «determinado contenido sobre un concreto[227] bien jurídico». Reconocimiento que sólo tiene lugar cuando el tribunal pronuncia su sentencia.

Por esa razón, la pretensión procesal, que lo es —no se olvide— de tutela jurisdiccional[228], es de contenido y justificación abstracta al responder[229] a «una relación naturalmente de carácter ideal» y al no pertenecer[230] «a la esfera de los entes tangiblemente reales».

Como se comprenderá de inmediato, a diferencia de la pretensión procesal de proyección y contenido abstracto, el ejercicio de la «acción» como derecho subjetivo sustentado en la posible titularidad «de la relación jurídica u objeto litigioso» que se demanda (artículo 10 de la ley de enjuiciamiento civil), aspira a ser de contenido concreto por ser una cuestión que afecta al *iudicando* de lo que se pretende de un tribunal (argumento *ex* artículo 10 de la ley de enjuiciamiento civil) a diferencia de la pretensión procesal que se refiere al *procedendo* con «todas las garantías» procesales (artículo 24.2. de la Constitución) de lo que se pretende igualmente de un tribunal. Por ello, «pretender de los tribunales» una declaración de las *«Clases de tutela jurisdiccional»*[231] a que alude el artículo 5 de la ley de enjuiciamiento civil, supone apertura del proceso porque con ella se pretende tutela jurisdiccional.

El «derecho de acción» o de «accionar», como derecho subjetivo o del sujeto, justificado en el ejercicio de «derechos e inte-

---

227. Según Ortells Ramos, M., *et al. Derecho procesal civil*. 18ª Edición. Thomson Reuters. Aranzadi. 2019, pág. 203.
228. En el modo en que es diseñada la tutela jurisdiccional que se pretende en el artículo 5 de la ley de enjuiciamiento civil rubricado *«Clases de tutela jurisdiccional»*.
229. Según Guasp, J., *La pretensión procesal* en Anuario de Derecho Civil, vol. 5, núm. 1 (1952), pág. 35.
230. Según Guasp, J., *La pretensión procesal* en Anuario de Derecho Civil, vol. 5, núm. 1 (1952), pág. 35.
231. Es la rúbrica del artículo 5 de la ley de enjuiciamiento civil.

reses legítimos» (que es lo que debe reconocer o declarar la sentencia mediante la demanda), es irrelevante desde la perspectiva del ejercicio de la pretensión procesal al proyectarse, ese «derecho de acción», sobre un *iudicando* cuya titularidad únicamente se reconoce con la sentencia que ponga término a la demanda que se inició con la pretensión procesal porque, conviene reiterarlo, «la legitimación[232] no interesa[233] al Derecho procesal, que en realidad vuelve a la sede de la que nunca debió salir: El Derecho privado». Por el contrario, la pretensión procesal, sustentada en el *procedendo* del proceso, conforma su estructura y es su pórtico de entrada[234] con la que tramitarlo «con todas las garantías» procesales (artículo 24.2. de la Constitución) aun cuando no se sea titular de derecho subjetivo alguno.

A diferencia de la «acción como derecho subjetivo», que «ha sido definida en ocasiones como el objeto del proceso sin comprender[235] que verdaderamente el supuesto de que el proceso depende, previo al mismo, no puede proporcionar la materia sobre que el proceso recae»[236], la pretensión procesal actúa sobre su *procedendo* con «todas las garantías» procesales (artículo

---

232. Por la que «serán considerados partes legítimas quienes comparezcan y actúen en juicio como titulares de la relación jurídica u objeto litigioso» (artículo 10 de la ley de enjuiciamiento civil).
233. Según Nieva Fenoll, J., *Derecho procesal II. Proceso civil.* Marcial Pons. 2015, pág. 46.
234. Según Guasp, la pretensión procesal «engendra un proceso». Guasp, J., *La pretensión procesal,* en Anuario de Derecho Civil, vol. 5, núm. 1 (1952), pág. 52.
235. Según Guasp, J., *La pretensión procesal,* en Anuario de Derecho Civil, vol. 5, núm. 1 (1952), pág. 33.
236. En el área latinoamericana Rioja Bermudez dice que «la pretensión material se distingue de la pretensión procesal. Aquella simplemente es la facultad de exigir a otro el cumplimiento de lo debido. Está referida al derecho que tiene un sujeto determinado que se dirige contra uno o más sujetos, protegiendo intereses determinados» Rioja Bermudez, A., *La pretensión como elemento de la demanda civil.* Disponible en: https://lpderecho.pe/pretension-demanda-civil/.

24.2. de la Constitución) porque, respecto del objeto que es posible «pretender de los tribunales» (artículo 5.1. de la ley de enjuiciamiento civil) mediante la pretensión procesal, no se ostenta titularidad alguna de un derecho subjetivo al ser la pretensión procesal de justificación abstracta.

No le asiste la razón al legislador de la exposición de motivos de la ley de enjuiciamiento civil cuando dice que la «acción», entendida como ejercicio de un derecho subjetivo conjuntamente con la pretensión procesal, son «diversidades expresivas para las mismas realidades» (apartado IV de la exposición de motivos de la ley de enjuiciamiento civil). No. En absoluto.

Además, ese carácter abstracto de la pretensión procesal que es posible «pretender de los tribunales» (artículo 5.1. de la ley de enjuiciamiento civil) mediante su *procedendo* o tránsito a través de un proceso «con todas las garantías» procesales (artículo 24.2. y 117.3. de la Constitución), no precisa de la instrumentalidad del derecho civil, derecho hipotecario, del derecho mercantil etc. por lo que es posible concluir que la pretensión procesal no es instrumental y sí autónoma y sustantiva al sustentarse en la aplicación de unas garantías procesales perfectamente objetivables que, por su valor garantista, son sustantivas y, por su proyección objetivable, son autónomas.

Esa sustantividad y autonomía, del carácter abstracto de la pretensión procesal, permite que no esté al servicio de la norma del código civil, mercantil, hipotecaria, etc. y, por tanto, del *iudicando* del derecho controvertido del sujeto —o derecho subjetivo— y sí al servicio del *procedendo* de «un proceso público» con «todas las garantías» procesales (artículo 24.2. de la Constitución) ya que, esas normas del código civil, mercantil, hipotecaria, etc., están al servicio de la pretensión procesal de tutela jurisdiccional[237] ya que sí no se respeta la sustantividad y

---

237. Dice Guasp que el derecho procesal gira en torno al concepto de pretensión procesal «del que él sería mero apéndice o consecuencia». Y añade que «más allá del derecho procesal no hay derecho civil o derecho penal, sino pura y simple sociología». Según Guasp «para el derecho una pretensión está satisfecha

autonomía de la pretensión procesal basada en un sistema propio, autónomo y sustantivo de garantías procesales perfectamente objetivables, no sería posible aplicar la norma del código civil, mercantil, hipotecaria, etc. por la parte ni tampoco «se podrá pretender de los tribunales» (artículo 5.1. de la ley de enjuiciamiento civil) «un proceso público» con «todas las garantías» procesales (artículo 24.2. de la Constitución).

Para entenderlo mejor, conviene tener presente que, cuando la Constitución indica que «todas las personas tienen derecho a obtener la tutela judicial efectiva de los jueces y tribunales en el ejercicio de sus derechos e intereses legítimos» (artículo 24.1. de la Constitución), el reconocimiento de ese derecho a su fin, como es la tutela de derechos e intereses legítimos, no se identifica con la pretensión procesal y sí con la «acción» como derecho subjetivo vinculada con la posible titularidad «de la relación jurídica u objeto litigioso» que se demanda (artículo 10 de la ley de enjuiciamiento civil) que, como derecho subjetivo, aspira a ser reconocido o declarado mediante la sentencia por ser una cuestión que afecta al *iudicando* de lo que se pretende de un tribunal (argumento ex artículo 10 de la ley de enjuiciamiento civil).

El «derecho de acción» como derecho del sujeto —o, derecho subjetivo— ha sucumbido ante la pretensión procesal.

5. PRETENSIÓN PROCESAL Y PROCESO

El proceso sólo es posible cuando se procede a «pretender de los tribunales» una de las *«Clases de tutela jurisdiccional»*[238] que diseña el artículo 5.1. de la ley de enjuiciamiento civil. El

---

cuando se ha recogido, se la ha examinado y se la ha actuado o se ha denegado su actuación; el demandante cuya demanda es rechazada está jurídicamente tan satisfecho como aquel cuya demanda es recogida». Guasp, J., *La pretensión procesal,* en Anuario de Derecho Civil, vol. 5, núm. 1 (1952), pág. 26, 27.
238. Es la rúbrica del artículo 5 de la ley de enjuiciamiento civil.

proceso no es el cauce mediante el cual «se ejercita y satisface[239] la acción» como, de igual modo, tampoco «se podrá pretender de los tribunales» una de las «*Clases de tutela jurisdiccional*»[240] que diseña el artículo 5.1. de la ley de enjuiciamiento civil mediante las reglas del procedimiento.

No es lo mismo proceso y procedimiento[241]. En el tránsito hacia el proceso, se ha de dar por definitivamente ganado que las «formas» del procedimiento han dejado de ser un fin en sí mismas, por cuanto sólo se justifican en la temporalidad crítica, sustantiva, autónoma y ordinaria que garantiza el logro de un

---

239. Según Gutiérrez de Cabiedes, P., *Derecho procesal. Parte general.* Tirant Lo Blanch. Manuales. Valencia 2018, pág. 173.

240. Es la rúbrica del artículo 5 de la ley de enjuiciamiento civil.

241. Dice Ormazabal Sánchez que «el vocablo "proceso" está muy ligado al "de procedimiento". Las dos palabras se utilizan frecuentemente de forma indistinta y, ciertamente, en ocasiones tan correcto es usar la una como la otra». Añade que «dentro ya del ámbito jurisdiccional el término "procedimiento" acostumbra a designar el aspecto exterior de las actuaciones, el puro orden de sucederse de estas. En cambio, con la expresión "proceso" se puede designar otra clase de fenómenos» aunque «de todos modos, la mayoría de las veces es correcto utilizar indistintamente uno u otro término: no hay ninguna diferencia». Ormazabal Sánchez, G., *Introducción al derecho procesal.* Octava edición. Marcial Pons. 2023. pág. 139, 140. Por su parte, es aun más anómalo y sorprendente que se explique por Cordón la distinción entre «proceso» y «procedimiento» afirmando que «en su significado más genuino, el *procedimiento* es la medida o regla del proceso, el conjunto de normas con arreglo a las cuales éste se desarrolla. "El procedimiento —dice Fenech— es al proceso lo que las instalaciones fijas al ferrocarril, por lo que, usando una metáfora con las debidas salvedades, podríamos decir que el tren, el convoy es el proceso y la vía el procedimiento"», Cordón, F. *Introducción al Derecho Procesal.* Tercera edición actualizada. Eunsa. 1998, pág. 128. La cursiva no es mía. Es del autor citado. En términos similares se expresa Sigüenza López cuando dice que «el tren, el convoy, es el proceso, y la vía, el procedimiento» e indicando que «así como hay vías que pueden quedar en desuso por falta de usuarios interesados en realizar un determinado trayecto y, en consecuencia procedimientos que pueden quedar sin utilizar por la abstención de los sujetos jurídicos a quienes se concede el derecho de iniciativa procesal, puede haber trayectos que puedan realizarse por no existir vías para llevarlos a cabo». Sigüenza López, J., *Sistema judicial español.* Séptima edición. Ediciones Laborum. Murcia 2019, pág. 133.

proceso «con todas las garantías» procesales (artículo 24.2. de la Constitución) en el que la pretensión procesal define la tutela jurisdiccional que se pretende del proceso[242] (artículo 5 de la ley de enjuiciamiento civil). Pero, no del procedimiento[243].

Se accede, en el modo expuesto, a un modelo de proceso abierto a los diversos modos de integración, racionalización o especificación que el legislador ordinario es siempre libre de proyectar en aplicación del compromiso constitucional adquirido. De modo que, ese modelo de proceso, sólo se justifica en

---

242. Dice Pérez-Cruz Martín que «el término "proceso", si bien es considerado uno de los pilares del Derecho Procesal, apenas se emplea en nuestras normas procesales, sino que es sustituido por el término "juicio" o "enjuiciamiento"». Pérez-Cruz Martín, A. J., *Introducción al Derecho Procesal*. Tórculo Edicións. Santiago de Compostela 2008, pág. 309. No obstante, el criterio del legislador de la ley de enjuiciamiento civil parece ser otro muy distinto. Dice la exposición de motivos de la ley de enjuiciamiento civil que «se elude (...) hasta la apariencia de doctrinarismo y, por ello, no se considera inconveniente, sino todo lo contrario, mantener diversidades expresivas para las mismas realidades, cuando tal fenómeno ha sido acogido tanto en el lenguaje común como en el jurídico. Así, por ejemplo, se siguen utilizando los términos "juicio" y "proceso" como sinónimos (...) como aparecían en la ley [de enjuiciamiento civil] de 1881 y en la jurisprudencia y doctrina posteriores, durante más de un siglo, sin que ello originara problema alguno» (apartado IV de la exposición de motivos de la ley de enjuiciamiento civil). No cabe duda que el deseo de la ley de enjuiciamiento civil de mantener como sinónimos los términos «juicio» y «proceso», sigue siendo determinante para que, al igual que sucedía con la ley de enjuiciamiento civil de 1881, ahora también el proceso civil declarativo ordinario sea conocido por la jurisprudencia y la doctrina como «juicio ordinario» a pesar de que cuando «se siguen utilizando los términos "juicio" y "proceso" como sinónimos» (apartado IV de la exposición de motivos de la ley de enjuiciamiento civil), ese uso terminológico no posee justificación desde el momento en que, con la publicación de la ley de enjuiciamiento civil, el «juicio» no es sinónimo de «proceso» al convertirse en una de las fases más importante y sobresalientes del denominado «juicio ordinario».

243. Según Gutiérrez de Cabiedes «partiendo de que el *proceso* es el instrumento a través del cual se actúa la función y la potestad jurisdiccional del Estado y que está constituido por una sucesión de actos regulados en la ley, puede considerarse al *procedimiento* como la medida o regla del proceso». Gutiérrez de Cabiedes, P., *Derecho procesal. Parte general*. Tirant Lo Blanch. Manuales. Valencia 2018, pág. 175. La cursiva no es mía. Es del autor de la cita.

unas garantías procesales concebidas en términos dinámicos con capacidad de adaptación al «aquí y ahora»[244]. constitucional, por razón del compromiso constitucional adquirido en el logro de un proceso de efectiva tutela jurisdiccional «con todas las garantías» procesales (artículo 24.2. de la Constitución).

Por ello, se está en presencia de un modelo de proceso de proyección temporal [cambiante] y sumamente crítico que responde a la existencia de imperativos de orden público procesal acordes con su justificación constitucional y en el que la pretensión procesal no se identifica con las «expectativas de una sentencia favorable y con ella, la satisfacción de sus respectivas pretensiones y resistencias» en cada una de las partes[245]. Esa dinamicidad equivale a reconocer que, frente al procedimiento, el logro de un proceso de efectiva tutela jurisdiccional es el que hace posible críticamente el modelo concreto de esa tutela jurisdiccional que diseña la Constitución mediante su carácter sustantivo y comprometido con la realidad constitucional (Metodología constitucional).

En cambio, el procedimiento es atemporal y acrítico a través del soporte que le brindan, sólo y exclusivamente, las formas procesales técnicas, adjetivas y mecanicistas. Por ello, el procedimiento es técnicamente una realidad formal y acrítica frente al logro de un proceso de efectiva tutela «con todas las garantías» procesales (artículo 24.2. de la Constitución) que, a dife-

---

244. Dice Rueda Fernández que el proceso «debe ser definido y entendido dentro del marco actual de reconocimiento de derechos y normas procesales como normas fundamentales y constitucionalizadas como sucede con la Constitución peruana de 1993». Rueda Fernández S. C., *Garantías del proceso civil en un Estado constitucional de Derecho*. Idemsa. Lima 2015, pág.139.

245. Dice Gimeno Sendra que «podemos conceptuar el proceso como "conjunto de posibilidades, cargas y obligaciones que asisten a las partes como consecuencia del ejercicio de la acción, cuya realización, ante el órgano jurisdiccional, origina la aparición de sucesivas situaciones procesales desde las que, en un estado de contradicción, examinan sus expectativas de una sentencia favorable y con ella, la satisfacción de sus respectivas pretensiones y resistencias"». Gimeno Sendra V., *Fundamentos del derecho procesal (Jurisdicción, Acción y Proceso)*, Colex 2024, pág. 201.

rencia del procedimiento, es una realidad sustantiva que se constituye en la justificación del procedimiento.

Así, pues, el logro de un proceso de efectiva tutela «con todas las garantías» procesales (artículo 24.2. de la Constitución) es sustantividad comprometida constitucionalmente a diferencia del procedimiento que es formalidad acrítica y mecanicista. El logro de un proceso con su sustantividad garantista, justifica y corrige las «anomalías» en la aplicación mecanicista, adjetiva, atemporal y acrítica del procedimiento.

Por ello, no estorba indicar que la atemporalidad de las normas procesales, en su vertiente procedimental, las ha justificado históricamente como válidas tanto en tiempos de monarquía, república o dictadura. Por el contrario, el logro de un proceso de efectiva tutela jurisdiccional «con todas las garantías» procesales (artículo 24.2. de la Constitución), es una realidad históricamente contemporánea y sustantiva por hallarse vinculada y comprometida con la realidad constitucional de «aquí y ahora» y con el sistema de garantías procesales que esa realidad comporta. Es, por tanto, ese «proceso» y no otro «tipo de proceso» el que se ha de considerar como una de las claves de bóveda sobre la que se construye el actual derecho procesal y al que se accede mediante la pretensión procesal de tutela jurisdiccional.

En definitiva, el procesalista ha de asumir el «compromiso constitucional» que no es político, ya que la Constitución como norma suprema del Estado es apolítica. Todo lo cual abona un planteamiento rupturista y de adecuación del proceso al sistema de garantías procesales que se encuentra recogido en la Constitución y en los propios textos procesales.

Quedan, de este modo, preteridas las orientaciones doctrinales que defienden que el sustrato, la esencia de la normativa del proceso permanece inmutable e impermeable a cualquier tipo de cambio o modificación mediante el procedimiento. No. En absoluto. En el momento presente, existe un referente: la Constitución.

Su aportación a la existencia del proceso ni es política porque el texto constitucional es apolítico, ni es adjetiva, porque la adopción de la metodología constitucional construye un proceso sustantivo [no adjetivo, atemporal o acrítico] acomodado con nuestra realidad constitucional. La sustantividad que aporta la Constitución, no es formalmente propia del procedimiento y de sus soluciones acrítico-adjetivas.

En conclusión, el proceso es una institución sustantiva que es concebido críticamente por su vínculo con el logro de tutela jurisdiccional mediante el ejercicio de la pretensión procesal que «se podrá pretender de los tribunales» (artículo 5.1. de la ley de enjuiciamiento civil) y por su compromiso con la realidad constitucional que proyecta el texto constitucional.

El acceso a la sustantividad del proceso permite que «se podrá pretender de los tribunales» tutela jurisdiccional de las *«Clases de tutela jurisdiccional»*[246] que regula el artículo 5.1. de la ley de enjuiciamiento civil.

---

246. Rúbrica del artículo 5 de la ley de enjuiciamiento civil.

CAPÍTULO IV
CLASES DE TUTELA JURISDICCIONAL QUE SE PODRÁN PRETENDER DE UN TRIBUNAL

1. LA PRETENSIÓN PROCESAL DECLARATIVA

De entre las *«Clases de tutela jurisdiccional»*[247] que «se podrá pretender de los tribunales» (artículo 5.1. de la ley de enjuiciamiento civil), se encuentra la pretensión declarativa de tutela jurisdiccional con la que declarar, de una manera perceptible y patente, la existencia de «derechos y de situaciones jurídicas» (argumento *ex* artículo 5 de la ley de enjuiciamiento civil) que precisan para su declaración de un proceso civil «con todas las garantías» procesales (artículo 24.2. de la Constitución)[248].

---

247. Rúbrica del artículo 5 de la ley de enjuiciamiento civil.

248. Decía Guasp que «en el campo de las pretensiones de cognición y dentro del amplísimo cuadro de las actuaciones del derecho a las que cabe referir la declaración de voluntad del Juez, la doctrina hoy dominante ha tratado, probablemente de modo agotador, la tricotomía fundamental que sirve como criterio de clasificación básica de las pretensiones procesales, aunque referidas, también esta vez por influjo del error (...), al problema de la clasificación de las acciones. Se han distinguido, en efecto, las peticiones en que se reclama la creación: creación, modificación o extinción, de una situación jurídica; las peticiones en que se reclama la constatación o fijación de una situación jurídica, y las peticiones en que se reclama la imposición de una relación jurídica» Continúa diciendo Guasp que «aunque la formación de tal doctrina se haya hecho de una forma contingente, a fuer de histórica, que por ello no garantiza su hermeticidad dogmática, es lo cierto que, analizadas racionalmente las posibilidades teóricas de una posible petición procesal, no se descubren

La pretensión procesal declarativa permite adentrarse en el derecho a pretender de los tribunales la declaración jurisdiccional de tutela jurisdiccional sin que sea posible identificarla con el derecho constitucional de «Acción» o «de accionar», ya lo sea en su versión concreta o en su versión abstracta (artículo 24 de la Constitución), aun cuando «por influjo del error» se vincule «al problema de la clasificación de las acciones»[249].

La Constitución diseña el «derecho de acción» como una garantía constitucional que, como no puede ser de otra manera, se caracteriza por ser abstracta e inclusiva al atribuirse a «todas las personas» con el fin de «obtener la tutela efectiva de los jueces y tribunales» (artículo 24.1. de la Constitución). Pero, si bien la pretensión procesal declarativa y el «derecho de Acción o de accionar» constitucional son de justificación abstracta, se diferencian en que, mientras el «derecho de Acción o de accionar» ni se puede revocar ni anular, la pretensión procesal declarativa se puede disponer, renunciar y desistir.

La pretensión procesal declarativa es también distinta de la «acción» entendida como derecho del sujeto cuyo ejercicio permite la tutela de ese concreto derecho subjetivo. Es la «acción» que se vincula con la posible o probable titularidad de la relación jurídica u objeto litigioso (argumento *ex* artículo 10 de la ley de enjuiciamiento civil) así como con la posible o probable condición de parte legítima pero que precisa de la pretensión procesal declarativa con la que «pretender de los tribunales» (argumento *ex* artículo 5.1. de la ley de enjuiciamiento civil) «tutela jurisdiccional» de entre las *«Clases de tutela jurisdiccional»* (artículo 5 de la ley de enjuiciamiento civil) mediante un proce-

---

modalidades nuevas que añadir a las anteriores; existirán, quizás, matices distintos y agrupaciones diversas de las señaladas, pero en modo alguno parece posible una adición o supresión teórica de tales tipos». Guasp, J., *La pretensión procesal,* en Anuario de Derecho Civil, vol. 5, núm. 1 (1952), pág. 47, 48.

249. Según Guasp, J., *La pretensión procesal,* en Anuario de Derecho Civil, vol. 5, núm. 1 (1952), pág. 47.

so civil «con todas las garantías» procesales (artículo 24.2. de la Constitución)

La «acción» y la pretensión procesal declarativa se igualan en que tanto la «acción» como la pretensión procesal declarativa suponen ejercicio de un derecho, pero, en cambio, se diferencian en que, el ejercicio de la «acción», supone el ejercicio de un concreto derecho del sujeto o subjetivo que ha sido vulnerado a diferencia de la pretensión procesal declarativa que es de justificación abstracta al permitir el acceso de la «acción» del sujeto a un proceso civil «con todas las garantías» procesales (artículo 24.2. de la Constitución) con el que «pretender de un tribunal» (artículo 5.1. de la ley de enjuiciamiento civil) la tutela jurisdiccional abstracta para el concreto derecho subjetivo.

Conviene recordar que la «acción», con la que[250] «solicito una tutela jurisdiccional concreta y especifica, (petitum) y la pido en el ejercicio de las acciones que el derecho sustantivo me otorga frente a otro sujeto», responde a la posible titularidad «de la relación jurídica u objeto litigioso» (artículo 10 de la ley de enjuiciamiento civil) pero que ha sucumbido ante la pretensión procesal con la que es posible «pretender de los tribunales» las «*Clases de tutela jurisdiccional*»[251] que se agrupan con el ejercicio de la pretensión procesal porque siempre «se podrá pretender de los tribunales» una pretensión procesal declarativa de justificación abstracta (argumento *ex* artículo 5.1. de la ley de enjuiciamiento civil) a diferencia de la «acción», entendida como el derecho del sujeto, que únicamente se reconocerá, en su caso, con la sentencia que pronuncia un tribunal.

Por tanto, lo que se pretende de los tribunales es una pretensión procesal de tutela jurisdiccional de las «*Clases de tutela jurisdiccional*»[252] que reconoce el artículo 5 de la ley de enjui-

---

250. Según Rabadán Torrecilla, Mª. B., *et al. Manual de derecho procesal civil.* Fe d'erratas. Colección universidad. Madrid 2014, pág. 70.
251. Es la rúbrica del artículo 5 de la ley de enjuiciamiento civil.
252. Es la rúbrica del artículo 5 de la ley de enjuiciamiento civil.

ciamiento civil por lo que no se pretende, de los tribunales, el ejercicio de una «acción».

Pero, al propio tiempo, la pretensión procesal declarativa es de justificación funcional. Es una garantía funcional o de ejercicio funcional de la jurisdicción que, a diferencia de la «acción» que supone ejercicio concreto de un derecho subjetivo que ha sido vulnerado, la pretensión procesal de tutela jurisdiccional declarativa se proyecta en el «juzgar» a que alude el artículo 117.3. de la Constitución (actividad de declaración jurisdiccional: pretensión procesal declarativa).

En la ley de enjuiciamiento civil se reconocen tres tipos de pretensiones procesales declarativas que permiten pretender ante un tribunal las «*Clases de tutela jurisdiccional*»[253] que regula el artículo 5 de la ley de enjuiciamiento civil mediante un proceso civil «con todas las garantías» procesales (artículo 24.2. de la Constitución) y que no son otras que las de condena, meramente declarativas y constitutivas (argumento *ex* artículo 5.1. de la ley de enjuiciamiento civil).

La pretensión procesal declarativa de condena persigue no sólo una declaración de derechos y de situaciones jurídicas, sino que se condene por el tribunal otorgando a la sentencia de condena que se pronuncia fuerza ejecutiva. Es la denominada «condena a una determinada prestación» a que alude el artículo 5.1. de la ley de enjuiciamiento civil.

La pretensión procesal declarativa de condena permite distinguir dos momentos: la declaración de condena en la sentencia y la ejecución de ésta cuando el condenado no cumple. Son pretensiones declarativas de condena las que permiten[254] la

---

253. Rúbrica del artículo 5 de la ley de enjuiciamiento civil.
254. «*quelle, che, previo accertamento dell'esistenza di un diritto ad una prestazione (dare, fare, non fare, ecc.), tendono ad ottenere dal giudice l'emanazione di un comando rivolto alla parte soccombente di eseguire codesta prestazione dovuta all'attore*». Zanzucchi, M. T. *Diritto processuale civile I. Introduzione e parte generale*. Milano Dott. Giuffrè Editore 1964, pág. 139.

constitución de títulos ejecutivos y, con ellas, se accede[255] a la fase ejecutiva de lo declarado en la sentencia, aunque, la pretensión declarativa de condena, puede contener la condena de futuro cuando, respecto del *factum,* que sirve de sustento a la «acción» de la parte, no procede aún la declaración jurisdiccional de su derecho y su tutela.

A su vez, la pretensión procesal declarativa de condena se distingue de la pretensión meramente declarativa en que, la primera, una vez producida la declaración jurisdiccional, origina su ejecución jurisdiccional sin necesidad de una nueva declaración del tribunal a diferencia de la segunda que nunca puede, por sí sola, justificar la ejecución procesal al justificarse en la necesidad de que, la declaración jurisdiccional, origine una situación de certeza ante una posición jurídica controvertida quedando satisfecho el *factum,* que sirve de sustento a la «acción» de la parte en su derecho subjetivo mediante esa declaración. La pretensión procesal meramente declarativa tiende a crear[256] certeza por lo que «se limita a la constatación de una situación jurídica preexistente dotándola[257] de firmeza jurídica».

La pretensión procesal meramente declarativa se construyó, en un primer momento por el Tribunal Supremo mediante la llamada acción de jactancia, para terminar por admitirla en sentencias de 25 de junio de 1943[258] y de 22 de septiembre de

---

255. «*aprono adito allo stadio di esecuzione forzata; cosichè la sentenza di condanna è titolo esecutivo*». Zanzucchi, M. T. *Diritto processuale civile I. Introduzione e parte generale.* Milano Dott. Giuffrè Editore 1964, pág. 140.

256. «*tendono ad ottenere l'accertamento dell'esistenza* (...) *o inesistenza* (...) *di un rapporto giuridico incerto e controverso, o, in caso di espressa norma di legge, di un fatto giuridicamente rilivante*». Zanzucchi, M. T. *Diritto processuale civile I. Introduzione e parte generale.* Milano Dott. Giuffrè Editore 1964, pág. 134.

257. Según Cinto Lapuente, Mª. V., (ponente que expresa el parecer de la Sección) en Lorca Navarrete, A. Mª., *Jurisprudencia procesal civil comentada de las Audiencias Provinciales vascas. Estudio procesal civil de los autos y sentencias de las Audiencias Provinciales vascas a partir de la entrada en vigor de la ley de enjuiciamiento civil 1/2000.* Año 2004. Volumen IV. Edición Instituto Vasco de Derecho Procesal. San Sebastián 2014, pág. 162.

258. Repertorio de Aranzadi 839.

1944[259], entre otras. En concreto, la sentencia de 22 de septiembre de 1944 señalaba que «la acción "puramente" declarativa fue vislumbrada, con independencia del principio de provocación —jactancia—, por los juristas patrios del siglo XVI, terminando por reconocerla el Tribunal Supremo y aun cuando en la actualidad no se ha llegado a una adecuada construcción sistemática, tiene interesantes aplicaciones y un amplio apoyo doctrinal, siempre que, en los particulares casos, esté su utilización justificada por una necesidad de protección jurídica».

En consecuencia, el Tribunal Supremo comenzó, en la década de los cuarenta del siglo XX, a perfilar la figura de la pretensión meramente declarativa desechando la forma arcaica e innecesaria de la provocación, que tenía lugar mediante el ejercicio de la llamada «acción de jactancia». Jurídicamente la jactancia consistía en el alabarse una persona de tener un derecho contra otro, en cuyo caso el perjudicado por la jactancia podía obligar al jactancioso a que presentase demanda de su pretendido derecho, obligando al tribunal a su declaración —mera declaración—. Era el perjudicado el que tenía a su favor la denominada «acción de la jactancia», en virtud de la cual el tribunal ordenaba, al que se jactó, a que interpusiera una demanda y así poder llevar a cabo la declaración de la pertenencia del derecho. La llamada «acción de jactancia» tiene su precedente en el Derecho romano, e inspirada en él, fue recogida en nuestro Derecho por la Partida 3ª Tít. II Ley 46. Por tanto, la provocación mediante la «acción de jactancia» se hace coincidir con la pretensión meramente declarativa. No obstante, resulta muy discutible admitir que, con el ejercicio de este tipo de pretensiones meramente declarativas, se pueda obligar a demandar.

Y, por lo que se refiere a la pretensión procesal constitutiva puede existir[260] como prejudicial a la condena o estar dirigida a

---

259. Repertorio de Aranzadi 1004.
260. *«l'accertamento esiste come pregiudiziale alla condanna e alla modificazione giuridica. Nelle (...) di mero accertamento, però, l'accertamento, anziché avere*

una nueva constitución jurídica, a diferencia de las pretensiones procesales meramente declarativas que persiguen la certidumbre jurídica del derecho controvertido. Esa nueva constitución jurídica se encuentra alojada en la ley de enjuiciamiento civil cuando alude a la «declaración de la existencia de derecho y de situaciones jurídicas» (artículo 5.1. de la ley de enjuiciamiento civil) permitiendo la declaración jurisdiccional al cambio jurídico que comprende la creación, modificación o extinción de una relación jurídica. Es, por tanto, la denominada «constitución, modificación o extinción»[261] a que alude el artículo 5.1. de la ley de enjuiciamiento civil por lo que, «las demandas constitutivas (*Gestaltungsklagen*), se diferencian[262] de las demandas de condena y declarativas porque están dirigidas a la inmediata creación de una modificación jurídica».

La finalidad de la pretensión procesal declarativa constitutiva consiste en que, la declaración jurisdiccional, produzca una realidad que antes no existía por lo que, los efectos del cambio jurídico, comienzan en el momento en que la sentencia es cosa juzgada[263] que, por propia naturaleza, se originan *ex nunc*[264].

un valor pregiudiziale, esaurice lo scopo (...) *del processo, ed ha questa sola funzione: quella di far certo il diritto»* Zanzucchi, M. T. *Diritto processuale civile I. Introduzione e parte generale.* Milano Dott. Giuffrè Editore 1964, pág. 134.

261. *«tendono a porre in essere sentenze, aventi per effetto di costituire, modificare o estinguere rapporti giuridici con effetto fra le parti, i loro eredi o aventi causa».* Zanzucchi, M. T. *Diritto processuale civile I. Introduzione e parte generale.* Milano Dott. Giuffrè Editore 1964, pág. 145.

262. Según Leible, S., *Proceso civil alemán,* Konrad Adenauer Stiftung y Biblioteca Jurídica Diké. 1999, pág. 173.

263. *«passa in giudicato».* Chiovenda, G., *Principii di Diritto Processuale Civile.* Jovene Editore. 1965. Reproducción inalterada con prefacio del Prof. Virgilio Andrioli, pág. 186.

264. *«normalmente agisce ex nunc».* Chiovenda, G., *Principii di Diritto Processuale Civile.* Jovene Editore. 1965. Reproducción inalterada con prefacio del Prof. Virgilio Andrioli, pág. 185.

2. LA PRETENSIÓN PROCESAL EJECUTIVA COMO DIVERSA DE LA DENOMINADA «ACCIÓN EJECUTIVA»

Es verdad que, si el tribunal no lo es todo (o, no es nada) en la realización del derecho que discurre, en su mayor parte, a través de cauces alejados del conflicto, asume, en cambio, un protagonismo fundamental en los momentos dramáticos de la «contienda judicial» a que alude el artículo 248.1. de la ley de enjuiciamiento civil ya que, desde esa trágica perspectiva, no cabe la menor duda que difícilmente se puede obviar que, la pretensión procesal ejecutiva, puede anidar en esa «contienda judicial».

Esa proyección exclusivamente ejecutiva de la pretensión procesal, comienza a tomar impulso a medida que se buscaba la causa que le atribuía fuerza ejecutiva porque no se podía prescindir del derecho de pretender tutela jurisdiccional, en los términos a que alude el artículo 5.1. de la ley de enjuiciamiento civil, aun cuando y respecto de la regulación que se contiene en ese precepto, es habitual que el legislador aluda indistintamente a la que denomina «acción ejecutiva» mediante una inasumible confusión entre la «acción ejecutiva» entendida como derecho del sujeto o derecho subjetivo y pretensión procesal ejecutiva con la «que se solicita[265] del órgano jurisdiccional, no una declaración de voluntad, sino una manifestación de voluntad, un hacer»,

No es de extrañar, por tanto, que la denominada «acción ejecutiva» se encuentre presente en el Libro III de la ley de enjuiciamiento civil[266] al justificarse en la existencia de un título eje-

---

265. Según González Pérez, J., *La pretensión procesal administrativa*, en Revista de administración pública, núm. 12 pág. 102. Disponible en: file:///C:/Users/Antonio/Downloads/Dialnet-LaPretensionProcesalAdministrativa-2111937%20(2)%20(2).pdf.

266. Rubricado *De la ejecución forzosa y de las medidas cautelares* en concreto en el Capítulo I rubricado *De las sentencias y demás títulos ejecutivos* comprendido en el Título I rubricado *De los títulos ejecutivos*.

cutivo puesto que «la acción ejecutiva deberá fundarse en un título que tenga aparejada ejecución» (artículo 517 de la ley de enjuiciamiento civil[267]) que sirve «para designar[268] el documento o acto jurídico que es susceptible de ser ejecutado. O, como decía la *Curia Philipica* (1640), y aún se dice hoy en día, el acto que "trae aparejada ejecución"».

El título ejecutivo, que puede ser tanto judicial como extrajudicial, precisa según la ley de enjuiciamiento civil del ejercicio de la «acción ejecutiva» con la que tramitar la ejecución que, rubricada «forzosa» por la ley de enjuiciamiento civil, se regula en el Título III, Libro III de la ley de enjuiciamiento civil. Es la «ejecución forzosa» en la que se ubica el «ejecutar lo juzgado» a que alude el artículo 117.3. de la Constitución sin que pueda ser objeto de variación, disposición o entorpecimiento por el deudor tanto si se trata de títulos jurisdiccionales como no jurisdiccionales.

Pero, esa «acción ejecutiva», que «deberá fundarse en un título que tenga aparejada ejecución» (artículo 517.1. de la ley de enjuiciamiento civil) al implicar tan sólo el ejercicio de un derecho del acreedor a exigir el pago de la cantidad indicada en el título ejecutivo que únicamente obtendrá con su «completa satisfacción» (artículo 570 de la ley de enjuiciamiento civil), es diversa al ejercicio de la pretensión procesal ejecutiva acorde con el «carácter abstracto»[269] del título ejecutivo «ya que lo esencial del título ejecutivo no reside[270] en que incorpore un derecho material del ejecutante, sino que aparezca idóneo para despachar la ejecución».

La idoneidad del título ejecutivo para despachar ejecución no depende del derecho subjetivo que incorpora ni, por tanto,

---

267. Rubricado «*Acción ejecutiva. Títulos ejecutivos*».
268. Según Nieva Fenoll, J., *Derecho procesal II. Proceso civil*. Tirant Lo Blanch. Valencia 2019, pág. 433.
269. Según Fernández, M. A., *El proceso de ejecución*. Barcelona 1982, pág. 51, 52.
270. Según Fernández, M. A., *El proceso de ejecución*. Barcelona 1982, pág. 51, 52.

precisa del ejercicio de la «acción ejecutiva» conceptuada como derecho subjetivo. Depende de la existencia de una pretensión procesal ejecutiva de justificación abstracta.

Por tanto, es en la pretensión procesal ejecutiva, y no en la «acción ejecutiva», en la que «deberá fundarse» el «título que tenga aparejada ejecución» (artículo 517.1. de la ley de enjuiciamiento civil) porque, con la pretensión procesal ejecutiva se pretende que, entre las «*Clases de tutela jurisdiccional*»[271] abstracta a que alude el artículo 5 de la ley de enjuiciamiento civil, exista la tutela jurisdiccional ejecutiva que «se podrá pretender de los tribunales» (artículo 5.1. de la ley de enjuiciamiento civil) mediante la pretensión procesal ejecutiva.

Más en concreto, es la pretensión procesal ejecutiva (artículo 5.1. de la ley de enjuiciamiento civil) que, a diferencia de la denominada «acción ejecutiva» conceptuada como derecho del sujeto —o, derecho subjetivo—, únicamente se reconoce por el tribunal cuando se procede a la «completa satisfacción del acreedor ejecutante» (artículo 570 de la ley de enjuiciamiento civil[272]). Pero, es un reconocimiento que sólo se obtendrá con su «completa satisfacción» mediante el ejercicio de la pretensión procesal ejecutiva que, a diferencia de la denominada «acción ejecutiva», conceptuada como derecho subjetivo, es de contenido abstracto acorde con el «carácter abstracto»[273] del título ejecutivo y al pretenderse mediante su ejercicio únicamente la ejecución forzosa con «todas las garantías» procesales (artículo 24.2. de la Constitución) con independencia de que el ejecutante tenga reconocida la titularidad del derecho subjetivo garantizado mediante el título ejecutivo acorde con su «carácter abstracto»[274] ya que, conviene recordar una vez más, que «lo

---

271. Rúbrica del artículo 5 de la ley de enjuiciamiento civil.

272. Rubricado «*Final de la ejecución*».

273. Según Fernández, M. A., *El proceso de ejecución*. Barcelona 1982, pág. 51, 52.

274. Según Fernández, M. A., *El proceso de ejecución*. Barcelona 1982, pág. 51, 52.

esencial del título ejecutivo no reside[275] en que incorpore un derecho material del ejecutante, sino que aparezca idóneo para despachar la ejecución».

La ley de enjuiciamiento civil puede sentirse afligida porque sus autores intelectuales no procedieron al reconocimiento de la pretensión procesal ejecutiva con la que «se podrá pretender de los tribunales», como una de las *«Clases de tutela jurisdiccional»*[276] que anida en su seno normativo, «la ejecución» del título ejecutivo con «todas las garantías» procesales (artículo 24.2. de la Constitución).

Más exactamente lo que hace ley de enjuiciamiento civil es reconocer que existe una «acción ejecutiva»[277] que «deberá fundarse en un título que tenga aparejada ejecución» aun cuando la idoneidad del título ejecutivo para despachar ejecución no depende del derecho subjetivo que incorpora ni, por tanto, precisa del ejercicio de la «acción ejecutiva» conceptuada como derecho subjetivo.

No existe la «acción ejecutiva» como derecho subjetivo sino el título ejecutivo «abstracto»[278] porque, conviene recordar una

---

275. Según Fernández, M. A., *El proceso de ejecución*. Barcelona 1982, pág. 51, 52.
276. El artículo 5 de la ley de enjuiciamiento civil tiene por rúbrica *«Clase de tutela jurisdiccional»*.
277. Tal y como se reconoce en parte de la rúbrica del artículo 517 de la ley de enjuiciamiento civil. El término «acción ejecutiva» es habitualmente utilizado por la ley de enjuiciamiento civil. Sin ánimo exhaustivo la denominada «acción ejecutiva» está presente en el artículo 518 de la ley de enjuiciamiento civil rubricado *«Caducidad de la acción ejecutiva fundada en sentencia judicial, o resolución arbitral o acuerdo de mediación»*. También, en el artículo 519 de la ley de enjuiciamiento civil rubricado *«Acción ejecutiva de consumidores y usuarios fundada en sentencia de condena sin determinación individual de los beneficiados. Extensión de efectos de sentencias dictadas en procedimientos en los que se hayan ejercitado acciones individuales relativas a condiciones generales de la contratación».* De igual modo, en el artículo 520 de la ley de enjuiciamiento civil rubricado *«Acción ejecutiva basada en títulos no judiciales ni arbitrales».*
278. Según Fernández, M. A., *El proceso de ejecución*. Barcelona 1982, pág. 51, 52.

vez más, «lo esencial del título ejecutivo no reside[279] en que incorpore un derecho material del ejecutante, sino que aparezca idóneo para despachar la ejecución» con el que «se podrá pretender de los tribunales» la pretensión procesal ejecutiva de tutela jurisdiccional abstracta a que alude el artículo 5.1. de la ley de enjuiciamiento civil como una de las *«Clases de tutela jurisdiccional»*[280] que reconoce el artículo 5 de la ley de enjuiciamiento civil al ser la pretensión procesal ejecutiva, a diferencia de la denominada «acción ejecutiva», de contenido abstracto porque con ella únicamente «se podrá pretender de los tribunales» (artículo 5.1. de la ley de enjuiciamiento civil) la ejecución forzosa con «todas las garantías» procesales para el ejecutado (artículo 24.2. de la Constitución)[281].

Mientras que la denominada «acción ejecutiva», conceptuada por la propia ley de enjuiciamiento civil como la «acción» que «deberá fundarse en el título que tenga aparejada ejecución» (artículo 517.1. de la ley de enjuiciamiento civil) afecta al *iudicando* de la ejecución procesal entablada que no tendrá final, como tal «acción ejecutiva», hasta tanto ese *iudicando* termine con la «completa satisfacción del acreedor ejecutante» (artículo 570 de la ley de enjuiciamiento civil[282]), la pretensión procesal ejecutiva afecta al *procedendo* de esa misma ejecución procesal que permite entrar en una de las *«Clases de tutela jurisdiccional»*[283]. que anidan en el artículo 5 de la ley de enjuiciamiento civil, porque «lo esencial del título ejecutivo no resi-

---

279. Según Fernández, M. A., *El proceso de ejecución*. Barcelona 1982, pág. 51, 52.

280. Rúbrica del artículo 5 de la ley de enjuiciamiento civil.

281. Dice Guasp que «menos clara se revela, sin duda, la clasificación básica de las pretensiones de ejecución» añadiendo que «no es el propósito de este trabajo el de verificar un estudio de las distintas clases de peticiones procesales, sino simplemente el de determinar sus líneas generales» Guasp, J., *La pretensión procesal,* en Anuario de Derecho Civil, vol. 5, núm. 1 (1952), pág. 48, 49.

282. Rubricado *«Final de la ejecución».*

283. El artículo 5 de la ley de enjuiciamiento civil tiene por rúbrica *«Clase de tutela jurisdiccional».*

de[284] en que incorpore un derecho material del ejecutante, sino que aparezca idóneo para despachar la ejecución» y obtener mediante el correlativo *procedendo* la «completa satisfacción del acreedor ejecutante» (artículo 570 de la ley de enjuiciamiento civil) porque la idoneidad del título ejecutivo para despachar ejecución no depende del derecho subjetivo que incorpora ni, por tanto, precisa del ejercicio de la «acción ejecutiva» conceptuada como derecho subjetivo.

Como se comprenderá, las cuestiones del *iudicando* son ajenas al *procedendo* que se tramita al margen o sin interferencias del *iudicando* que pueda instalarse en el título ejecutivo lo que supone el reconocimiento de la más amplia autonomía a la pretensión procesal ejecutiva de tutela jurisdiccional que transita a través del *procedendo* con «todas las garantías» procesales (artículo 24.2. de la Constitución) al constituir la auténtica clave de bóveda de toda la arquitectura del *procedendo* por el que transita la ejecución procesal porque «el concepto de acción es relativo respecto del proceso porque no depende de estructuras procesales, sino que se hace independiente de ellas y funciona respetando a las mismas como una variable de distinto significado; por ello igualmente el concepto de acción procesal es[285] intranscendente para el proceso».

No obstante, resulta sorprendente que el legislador de la exposición de motivos de la ley de enjuiciamiento civil no haya dedicado ni una sola de sus indicaciones a la aportación, ciertamente sobresaliente, que, a nivel metodológico, supone vincular la demanda ejecutiva con el ejercicio de una pretensión procesal ejecutiva. La pretensión procesal ejecutiva se siente afligida ante el posicionamiento de ese legislador.

Cabe recordar, una vez más, que, al legislador de la exposición de motivos de la ley de enjuiciamiento civil, sólo parece

---

284. Según Fernández, M. A., *El proceso de ejecución*. Barcelona 1982, pág. 51, 52.

285. Según Guasp, J., *La pretensión procesal,* en Anuario de Derecho Civil, vol. 5, núm. 1 (1952), pág. 32.

preocuparle, cuando redacta esa exposición, el uso lingüístico de la expresión «pretensión procesal» respecto del uso, igualmente lingüístico, que se puede hacer de la expresión «acción» «y, por ello —dice la exposición de motivos—, no se considera inconveniente, sino todo lo contrario, mantener diversidades expresivas para las mismas realidades, cuando tal fenómeno ha sido acogido tanto en el lenguaje común como en el jurídico. Así, por ejemplo (...), se emplea en unos casos los vocablos *"pretensión"* o *"pretensiones"* y, en otros, el de *"acción"* o *"acciones"*[286] como aparecían en la Ley [de enjuiciamiento civil] de 1881 y en la jurisprudencia y doctrina posteriores, durante más de un siglo, sin que ello originara problema alguno» (apartado IV de la exposición de motivos de la ley de enjuiciamiento civil).

A tan desafortunadas indicaciones del legislador de la ley de enjuiciamiento civil, se une que ese mismo legislador no diga absolutamente nada en su exposición de motivos acerca de que la pretensión procesal ejecutiva con la que fortificar la demanda ejecutiva a pesar de que, esa demanda, asociada al ejercicio del «derecho de acción» haya terminado claudicando ante la pretensión procesal ejecutiva con la que «se podrá pretender de los tribunales» (artículo 5.1. de la ley de enjuiciamiento civil) con «todas las garantías» procesales (artículo 24.2. de la Constitución) la idoneidad del título ejecutivo para despachar ejecución. Idoneidad que no depende del derecho subjetivo que incorpora ni, por tanto, precisa del ejercicio de la «acción ejecutiva» conceptuada como derecho subjetivo

No es habitual encontrar en los textos que se han utilizado, con el fin de justificar la existencia de la denominada «acción ejecutiva», una expresa indicación a la pretensión procesal ejecutiva entendida como una de las *«Clase de tutela jurisdiccional»* a que alude el artículo 5.1. de la ley de enjuiciamiento civil. La doctrina la desconoce. Tengo, de nuevo, la impresión de que el artículo 5 de la ley de enjuiciamiento civil es un precep-

---

286. La cursiva es mía.

to molesto porque (para muchos) no se sabe bien qué hacer con él. La pretensión procesal ejecutiva es una realidad normativa incomprendida. Es un huésped normativo pero que, pese a estar alojado en casa ajena, se encara con la «acción ejecutiva» hasta el punto de cuestionarla.

3. LA PRETENSIÓN PROCESAL CAUTELAR

Entre las *«Clases de tutela jurisdiccional»*[287] que «se podrá pretender de los tribunales», la ley de enjuiciamiento civil alude a la tutela jurisdiccional cautelar (artículo 5.1. de la ley de enjuiciamiento civil).

La vigente ley de enjuiciamiento civil, a diferencia de la ley de enjuiciamiento civil de 1881, realiza una propuesta sistemática de la tutela jurisdiccional cautelar[288] a la que regula mediante «un conjunto unitario de preceptos» (apartado XVIII de la exposición de motivos de la ley de enjuiciamiento civil) en su Título VI[289], Libro III[290] siendo la propia exposición de motivos de la ley de enjuiciamiento civil la que indica los «factores fundamentales imprescindibles para la adopción de medidas cautelares» a los que justifica en «el "fumus boni iuris" o apariencia de buen derecho, el peligro de la mora procesal y la prestación de caución» y aunque, según ese mismo apartado XVIII de la exposición de motivos de la ley de enjuiciamiento civil, «se procura, con disposiciones concretas, que las medidas cautelares no se busquen por sí mismas, como fin exclusivo o primordial de la actividad procesal», el artículo 5.1 de ley de enjuiciamiento civil diseña «la adopción de medidas cautelares» como una

---

287. Rúbrica del artículo 5.1. de la ley de enjuiciamiento civil.
288. En el apartado XVIII de la exposición de motivos se dice que «se supera así una lamentable situación, caracterizada por escasas e insuficientes normas, dispersas en la ley de [enjuiciamiento civil] 1881 y en otros muchos cuerpos legales».
289. Rubricado *«De las medidas cautelares»*.
290. Rubricado *«De la ejecución forzosa y de las medidas cautelares»*.

de las «*Clases de tutela jurisdiccional*»[291] que regula ofertándo-
las como una modalidad de tutela jurisdiccional que «se podrá
pretender de los tribunales» (artículo 5.1. de la ley de enjuiciamiento civil) y a la que se considera, como ha quedado indicado, como una de esas «*Clases de tutela jurisdiccional*»[292] al
igual que la tutela jurisdiccional declarativa y ejecutiva. Por tanto, la tutela jurisdiccional cautelar se muestra y se exhibe como
una modalidad más de tutela jurisdiccional que «se podrá obtener de los tribunales» (artículo 5.1. de la ley de enjuiciamiento
civil).

La tutela jurisdiccional cautelar no es una tutela jurisdiccional excepcional, ni peculiar o rara respecto de la tutela jurisdiccional declarativa y ejecutiva que «se podrá pretender de los
tribunales» (artículo 5.1. de la ley de enjuiciamiento civil) sino
una tutela jurisdiccional que, más allá de ser considerada «como un remedio accesorio a la tutela declarativa y de ejecución»,
su regulación, en la ley de enjuiciamiento civil, permite «llegar
a un momento en el que se postula[293] su naturaleza independiente como *tertium genus* procesal» porque es la propia ley de
enjuiciamiento civil la que «en su artículo 5 viene a proclamar
que *podrá pretenderse de los tribunales la adopción de medidas cautelares,* elevándolas definitivamente[294] a rango de tutela
independiente» ya que la ley de enjuiciamiento civil aporta argumentos a favor de la «defensa de la existencia[295] de un proceso cautelar. Así en el artículo 5 de la ley de enjuiciamiento civil
se hace referencia a la adopción de las medidas cautelares como una clase de tutela cautelar».

---

291. Rúbrica del artículo 5.1. de la ley de enjuiciamiento civil.
292. Rúbrica del artículo 5.1. de la ley de enjuiciamiento civil.
293. Según Osorio Acosta, E., *Las medidas cautelares en el proceso civil español.
Teoría y práctica.* Jurua Editorial. Lisboa 2014, pág. 15.
294. Según Osorio Acosta, E., *Las medidas cautelares en el proceso civil español.
Teoría y práctica.* Jurua Editorial. Lisboa 2014, pág. 24. La cursiva no es mía.
Es del autor de la cita.
295. Según Pérez Daudi, V., *Las medidas cautelares en el proceso civil.* Atelier
Libros jurídicos. Barcelona 2012, pág. 26.

La obtención de tutela jurisdiccional cautelar incluida en las «*Clases de tutela jurisdiccional*»[296] que «se podrá obtener de los tribunales» (artículo 5.1. de la ley de enjuiciamiento civil) es, por sí misma, una modalidad de tutela jurisdiccional; es una forma de tutela jurisdiccional específica con una sustantividad propia al servicio, a su vez, de cualquier tutela jurisdiccional que en el proceso pueda pretenderse porque con la pretensión procesal cautelar, «se pretende dar debido cumplimiento legal[297] a la exigencia clamada de la especifica y completa regulación, en la ley común, de la función jurisdiccional cautelar, que es la tercera manifestación de la función de juzgar y de hacer ejecutar lo juzgado (artículo 117.3. de la Constitución), que garantiza el cumplimiento de la función de declaración y de la función de ejecución. A esta clase de tutela se refiere específicamente[298] el artículo 5 de la ley de enjuiciamiento civil»

La tutela jurisdiccional cautelar es, por tanto, una de las «*Clases de tutela jurisdiccional*»[299] que «se podrá obtener de los tribunales» (artículo 5.1. de la ley de enjuiciamiento civil) mediante el ejercicio de una pretensión procesal cautelar que «engendra[300] un proceso» cautelar en el que es necesaria la instan-

296. Rúbrica del artículo 5.1. de la ley de enjuiciamiento civil.
297. Según Barona Vilar. S. *Algunas consideraciones acerca del procedimiento cautelar,* en La aplicación práctica de la ley de enjuiciamiento civil de 2000. Tirant Lo Blanch. Libros. Valencia 2000, pág. 406.
298. Según Barona Vilar. S. *Algunas consideraciones acerca del procedimiento cautelar,* en La aplicación práctica de la ley de enjuiciamiento civil de 2000. Tirant Lo Blanch. Libros. Valencia 2000, pág. 406.
299. Rúbrica del artículo 5.1. de la ley de enjuiciamiento civil.
300. Según Guasp, J., *La pretensión procesal,* en Anuario de Derecho Civil, vol. 5, núm. 1 (1952), pág. 52. Aunque «al decir que la pretensión engendra un proceso no quiere defenderse con ello que la pretensión sea un precedente cronológico de todo proceso; en otras palabras, que haya de constituir forzosamente su acto primero inicial. Nada se opone a que un proceso comience sin pretensión procesal, esto es, con vista a una pretensión futura». Guasp, J., *La pretensión procesal,* en Anuario de Derecho Civil, vol. 5, núm. 1 (1952), pág. 52.

cia de parte[301] porque «todo actor, principal o reconvencional, podrá solicitar[302] del tribunal (...) la adopción de las medidas cautelares que considere necesarias para asegurar la efectividad de la tutela judicial que pudiera otorgarse en la sentencia estimatoria que se dictare» (artículo 721.1. de la ley de enjuiciamiento civil).

Una vez iniciado el proceso cautelar, la pretensión procesal cautelar se tramita mediante una vista aludida en el artículo 734.1. de la ley de enjuiciamiento civil[303] con la que se tienen que presentar «los datos, argumentos y justificaciones documentales que conduzcan a fundar, por parte del Tribunal, sin prejuzgar el fondo del asunto, un juicio provisional e indiciario favorable al fundamento de su pretensión» (artículo 728.2. de la ley de enjuiciamiento civil) ya que, planteada la pretensión procesal cautelar, el letrado de la administración de justicia, «convocará a las partes a una vista[304]» y sin perjuicio de que el tribunal determine la caución que se ha de prestar «atendiendo a la naturaleza y contenido de la pretensión y a la valoración que realice (...) sobre el fundamento de la solicitud de la medida» cautelar (artículo 728.3. de la ley de enjuiciamiento civil).

---

301. El artículo 721 de la ley de enjuiciamiento civil tiene por rubrica «*Necesaria instancia de parte*».

302. El artículo 5.1. de la ley de enjuiciamiento civil dice que «se podrá pretender de los tribunales (...) la adopción de medidas cautelares».

303. Rubricado «*Vista para la audiencia de las partes*».

304. En numerosas ocasiones, el legislador de la ley de enjuiciamiento civil considera equivalentes juicio y vista como trámites esenciales que permiten tramitar el proceso. Pero la «vista» no es un «juicio». Sin ánimo exhaustivo, esa equiparación está presente en el apartado XI de la exposición de motivos se dice que «se introduce una novedad capital, que es la práctica de toda la prueba en el juicio o vista». También, el artículo 129 bis 1. de la ley de enjuiciamiento civil rubricado «*Celebración de actos procesales mediante presencia telemática*» dice que «constituido el Juzgado o Tribunal en su sede, los actos de juicio, vistas (...) y en general, todos los actos procesales, se realizarán preferentemente mediante presencia telemática». O el artículo 443 de la ley de enjuiciamiento civil rubricado. «*Desarrollo de la vista*», hace de la vista el trámite que se constituye en clave de bóveda en la construcción de todo el juicio verbal.

Por tanto, la pretensión procesal cautelar, al igual que la pretensión procesal declarativa y la ejecutiva, «engendra[305] un proceso» cautelar que se tramita a través de una vista en la que el «actor, principal o reconvencional, podrá solicitar[306] del tribunal (...) la adopción de las medidas cautelares que considere necesarias para asegurar la efectividad de la tutela judicial que pudiera otorgarse en la sentencia estimatoria que se dictare» (artículo 721.1. de la ley de enjuiciamiento civil).

En definitiva, no se puede desconocer el componente jurisdiccional de la tutela cautelar que opera con autonomía[307] y al que la ley de enjuiciamiento civil alude con la tradicional denominación de «medidas cautelares»[308] a las que se identifica[309] «como el objeto de una de las *Clases de tutela jurisdiccional*»[310] aunque, una vez más, la ley de enjuiciamiento civil puede sentirse afligida porque sus autores intelectuales no han procedido al reconocimiento de la pretensión procesal cautelar con la que «se podrá pretender de los tribunales», como una de las *«Clases de tutela jurisdiccional»*[311] que anida en su seno normativo, la

---

305. Según Guasp, J., *La pretensión procesal,* en Anuario de Derecho Civil, vol. 5, núm. 1 (1952), pág. 52. Aunque «al decir que la pretensión engendra un proceso no quiere defenderse con ello que la pretensión sea un precedente cronológico de todo proceso; en otras palabras, que haya de constituir forzosamente su acto primero inicial, Nada se opone a que un proceso comience sin pretensión procesal, esto es, con vista a una pretensión futura». Guasp, J., *La pretensión procesal,* en Anuario de Derecho Civil, vol. 5, núm. 1 (1952), pág. 52.
306. El artículo 5.1. de la ley de enjuiciamiento civil dice que «se podrá pretender de los tribunales (...) la adopción de medidas cautelares».
307. El Consejo General del Poder Judicial en el Informe al anteproyecto de ley de enjuiciamiento civil decía que «no hay duda que la tutela cautelar ha cobrado especial significación en los últimos tiempos, sobre todo a raíz de su consideración por el Tribunal Constitucional como parte integrante del derecho a la tutela judicial reconocido en el artículo 24.1 de la Constitución».
308. En la rúbrica del Título VI del Libro III de la ley de enjuiciamiento civil.
309. Según Roca Martínez, J. Mª., *Derecho procesal III. Tutela declarativa especial. Tutela ejecutiva y tiutela cautelar.* 2ª Edición. 2021, pág. 169.
310. Rúbrica del artículo 5.1. de la ley de enjuiciamiento civil.
311. El artículo 5 de la ley de enjuiciamiento civil tiene por rúbrica *«Clase de tutela jurisdiccional»*.

adopción de las medidas cautelares que se consideren «necesarias para asegurar la efectividad de la tutela judicial que pudiera otorgarse en la sentencia estimatoria que se dictare» en el proceso cautelado (artículo 721.1. de la ley de enjuiciamiento civil) y cuyo «anclaje y fundamento constitucional (...) se encuentra[312] en el derecho fundamental reconocido a que la tutela judicial (*recte*: jurisdiccional) otorgada por los órganos jurisdiccionales en la resolución, que pone fin al proceso [cautelado], sea efectiva».

Más exactamente lo que hace la ley de enjuiciamiento civil es reconocer que existe la «medida cautelar»[313], que deberá fundarse en «el "*fumus boni iuris*" o apariencia de buen derecho, el peligro de la mora procesal y la prestación de caución» (apartado XVIII de la exposición de motivos), a pesar de que su idoneidad no va a depender de derecho subjetivo alguno ni, por tanto, va a precisar del ejercicio de la «acción cautelar» conceptuada como derecho del sujeto al hallarse al servicio de la tutela jurisdiccional declarativa y ejecutiva que pueda pretenderse.

Como se comprenderá de inmediato, la pretensión procesal cautelar no justifica la existencia de una «acción cautelar» porque con su ejercicio no se prejuzga el fondo del asunto sobre el que recae la tutela jurisdiccional cautelar ni su éxito va a depender de la titularidad del derecho del sujeto —derecho subjetivo— con el que se justifica la pretensión procesal necesitada de tutela jurisdiccional cautelar al actuar mediante «un juicio provisional e indiciario favorable al fundamento» de la tutela jurisdiccional con la que el tribunal pone fin al proceso cautelado (artículo 728.2. de la ley de enjuiciamiento civil).

En definitiva, la pretensión procesal cautelar, que anida en el seno normativo del artículo 5.1. de la ley de enjuiciamiento

312. Pérez Gaipo, J., *El debido proceso cautelar: nuevas tendencias en la tutela cautelar*. Civitas. Thomson Reuters. Navarra 2018, pág. 36.
313. El término «medidas cautelares» es habitualmente utilizado en el Título VI rubricado *De las medidas cautelares* dentro del libro III de la ley de enjuiciamiento civil.

civil, no depende del derecho de «acción cautelar» como derecho del sujeto al interactuar, como ha quedado indicado, mediante «un juicio provisional e indiciario favorable al fundamento» de la tutela jurisdiccional con la que el tribunal pone fin al proceso cautelado (artículo 728.2. de la ley de enjuiciamiento civil) y sí en la existencia de una pretensión procesal cautelar con la que únicamente se pretende del tribunal tutela jurisdiccional abstracta de las *«Clases de tutela jurisdiccional»*[314] que regula el artículo 5 de la ley de enjuiciamiento civil al no «prejuzgar el fondo del asunto» de la pretensión procesal cautelada e interactuar mediante «un juicio provisional e indiciario favorable al fundamento» de la pretensión actor, principal o reconvencional en el proceso cautelado (artículo 728.2. de la ley de enjuiciamiento civil).

La «acción cautelar» ha sucumbido ante la pretensión procesal cautelar de justificación abstracta porque las cuestiones del *iudicando* que se vinculan con la «acción cautelar» son ajenas al *procedendo* que se tramita mediante la pretensión procesal de exclusiva tutela jurisdiccional cautelar lo que explica y justifica su indudable proyección y justificación abstracta.

No obstante, resulta nuevamente sorprendente que el legislador de la exposición de motivos de la ley de enjuiciamiento civil no haya dedicado ni una sola de sus indicaciones a la aportación, ciertamente sobresaliente, que, a nivel metodológico, supone vincular la medida cautelar con el ejercicio de una pretensión procesal cautelar. La pretensión procesal cautelar se siente afligida ante el posicionamiento de ese legislador.

Conviene recordar que al legislador de la exposición de motivos de la ley de enjuiciamiento civil sólo parece preocuparle, cuando redacta esa exposición, el uso lingüístico de la expresión «pretensión procesal» respecto del uso, igualmente lingüístico, que se puede hacer de la expresión «acción» «y, por ello —dice la exposición de motivos—, no se considera inconveniente, sino todo lo contrario, mantener diversidades expresi-

---

314. Rúbrica del artículo 5 de la ley de enjuiciamiento civil.

vas para las mismas realidades, cuando tal fenómeno ha sido acogido tanto en el lenguaje común como en el jurídico. Así, por ejemplo (...), se emplea en unos casos los vocablos *"preten-sión"* o *"pretensiones"* y, en otros, el de *"acción"* o *"acciones"* como aparecían en la Ley [de enjuiciamiento civil] de 1881 y en la jurisprudencia y doctrina posteriores, durante más de un siglo, sin que ello originara problema alguno» (apartado IV de la exposición de motivos de la ley de enjuiciamiento civil).

A tan desafortunadas indicaciones del legislador de la ley de enjuiciamiento civil, se une que ese mismo legislador no diga absolutamente nada en su exposición de motivos acerca de la pretensión procesal cautelar que anida en el artículo 5 de la ley de enjuiciamiento civil.

No es habitual encontrar en los textos que se han utilizado con el fin de justificar la existencia de la denominada «medida cautelar», como una de las *«Clases de tutela jurisdiccional»* que regula el artículo 5 de la ley de enjuiciamiento civil, una expresa indicación a la pretensión procesal cautelar entendida como una de las *«Clase de tutela jurisdiccional»*[315] a que alude el artículo 5.1. de la ley de enjuiciamiento civil. La doctrina la desconoce. Tengo, de nuevo, la impresión de que el artículo 5 de la ley de enjuiciamiento civil es un precepto molesto porque (para muchos) no se sabe bien qué hacer con él. La pretensión procesal cautelar es una realidad normativa incomprendida.

4. LA PRETENSIÓN PROCESAL CLÁUSULA GENERAL QUE HABILITA PARA OBTENER TUTELA JURISDICCIONAL

La ley de enjuiciamiento civil, al aceptar la existencia de la pretensión procesal, establece respecto de ella una cláusula general de habilitación con la que es posible pretender de un tri-

---

315. El artículo 5 de la ley de enjuiciamiento civil tiene por rúbrica *«Clase de tutela jurisdiccional»*.

bunal tutela jurisdiccional ya que «la idea de la satisfacción de pretensiones es precisamente[316] la idea objetiva en cuya realización colaboran las voluntades particulares de los distintos sujetos del proceso» y porque «el origen de nuevos derechos exige[317], en contrapartida, el nacimiento de nuevas formas de tutela jurisdiccional, so pena de obstruir el desarrollo de la sociedad».

Esa cláusula general de habilitación se regula en el artículo 5.1. de la ley de enjuiciamiento civil en el que se dice que «se podrá pretender de los tribunales (...) cualquier otra clase de tutela que esté expresamente prevista por la ley» sin que se indique que esa ley, que prevé la clase de tutela a pretender de un tribunal, sea la ley de enjuiciamiento civil.

Por ello, no estorba detenerse en el apartado I de la exposición de motivos de la ley orgánica del Poder Judicial que, al reclamar como consustancial al Estado de Derecho, la existencia de unos tribunales que permitan «ofrecer a todas las personas tutela efectiva en el ejercicio de sus derechos e intereses legítimos», diseñó la tutela jurisdiccional de los derechos e intereses colectivos, sin que en ningún caso pueda producirse indefensión; a cuyo fin se procedió a reconocer «la legitimación de los (...) grupos que resulten afectados o que estén legalmente habilitados para su defensa y promoción» (artículo 7.3. de la ley orgánica del Poder Judicial).

No resulta descabellado reclamar esa «cualquier otra clase de tutela» (artículo 5.1. de la ley de enjuiciamiento civil) para reconocer la existencia de una tutela jurisdiccional que permite que, las asociaciones de consumidores y usuarios legalmente constituidas para defender los derechos e intereses de sus asociados y los de la asociación, así como los intereses genera-

316. Según Guasp, J., *La pretensión procesal,* en Anuario de Derecho Civil, vol. 5, núm. 1 (1952), pág. 27.
317. Según Guimarães Ribeiro, D., *La pretensión procesal y tutela judicial efectiva. Hacia una teoría procesal del derecho.* Bosch Editor. 2004, pág. 187.

les de los consumidores y usuarios ya sean colectivos[318] o difusos[319], puedan «pretender de los tribunales» tutela jurisdiccional (artículo 5.1. de la ley de enjuiciamiento civil). De igual modo, esa tutela jurisdiccional está presente cuando «se podrá pretender de los tribunales» tutela jurisdiccional (artículo 5.1. de la ley de enjuiciamiento civil) por las «entidades habilitadas conforme a la normativa europea, la pretensión de cesación en defensa de los intereses colectivos y de los intereses difusos de los consumidores y usuarios» (artículo 6.1.8°. de la ley de enjuiciamiento civil).

Esta «cualquier otra clase de tutela» a que alude el artículo 5.1. de la ley de enjuiciamiento civil, posee una inequívoca justificación constitucional al ser el resultado de admitir el carácter expansivo del derecho a la tutela judicial efectiva (artículo 24 de la Constitución) y al corresponder «a los poderes públicos promover las condiciones para que la libertad y la igualdad del individuo y de los grupos en que se integra sean reales y efectivas; remover los obstáculos que impidan o dificulten su plenitud y facilitar la participación de todos los ciudadanos en la vida política, económica, cultural y social» (artículo 9.3. de la Constitución) sin olvidar que «son fundamento del orden político y de la paz social» no solo «la dignidad de la persona, los derechos inviolables que le son inherentes [y], el libre desarrollo

---

318. La tutela jurisdiccional colectiva supone que los perjudicados por un hecho contrario a los derechos e intereses de consumidores y usuarios afecta a un grupo de consumidores o usuarios cuyos componentes estén perfectamente determinados o sean fácilmente determinables. En estos casos, para pretender la tutela de esos intereses colectivos corresponde a las asociaciones de consumidores y usuarios, a las entidades legalmente constituidas que tengan por objeto la defensa o protección de éstos, así como a los propios grupos de afectados.

319. La tutela jurisdiccional difusa supone que los perjudicados por un hecho contrario a los derechos e intereses de consumidores y usuarios afecte a una pluralidad de consumidores o usuarios indeterminada o de difícil determinación. En esos casos, pretender la tutela de esos intereses difusos corresponde exclusivamente a las asociaciones de consumidores y usuarios que sean representativas.

de la personalidad» como también «el respeto a la ley y a los derechos de los demás» (artículo 10.1. de la Constitución).

En nuestro ordenamiento jurídico, la pretensión procesal de tutela jurisdiccional colectiva y difusa que «se podrá pretender de los tribunales» (artículo 5.1. de la ley de enjuiciamiento civil) responde al llamado modelo «orgánico privado» al atribuirse su titularidad[320] a personas jurídicas de carácter privado que ostentan una estructura de grupo más o menos organizada y cuya finalidad consiste precisamente en la defensa del concreto interés colectivo a diferencia del llamado modelo «social» cuyo exponente máximo sería el de las *class actions* de los países adscritos al *Common Law* en el que la titularidad de la pretensión procesal corresponde «a una o varias personas físicas en representación[321] de otras muchas también afectadas»[322].

---

320. Según Jimeno Bulnes, M. *Nuevas perspectivas sobre la legitimación colectiva: el modelo social anglosajón*, en Entidades sin fin de lucro. Estudios y problemas. Universidad de Burgos, pág. 237, 239
321. Según Jimeno Bulnes, M. *Nuevas perspectivas sobre la legitimación colectiva: el modelo social anglosajón*, en Entidades sin fin de lucro. Estudios y problemas. Universidad de Burgos, pág. 237, 239
322. En la Unión Europea, «se ha confiado más, tradicionalmente, en el *public enforcement,* esto es, en la vigilancia y actuación del derecho a instancia y por órganos públicos» a diferencia del sistema del *comon law* (en concreto, el de los Estados Unidos de América) en el que «prima el *private enforcement* de los derechos, en tanto que se confía en mayor medida en el ciudadano particular para la actuación del derecho, con ocasión de la defensa de sus derechos: por esa razón, las *class actions* son un instrumento fundamental de esa garantía en el cumplimiento del Derecho». La tutela jurisdiccional colectiva en la Unión Europea «se asienta sobre dos elementos, conectados entre sí:
a) Una clara —y expresa— intención de separarse de las *US style class actions*, comenzando por la denominación propia y distinta acuñada para identificarlas: *collective redress* (o *collective* o *representative actions*). Las instituciones europeas han expresado su voluntad de «evitar los excesos y abusos» de las *class actions*, que, no sólo de forma implícita, sino también explícita, se han equiparado a la *«abusive litigation»* (...). De hecho, la Comisión europea ha apuntado en no pocas ocasiones, con una terminología llamativa e inusualmente severa (...), su deseo de no seguir el sistema legal estadounidense «que es el resultado de un coctel de tóxicos» (o «cóctel tóxico»: *toxic cocktail*»).

También y como «cualquier otra clase de tutela» que «se podrá pretender de los tribunales» (artículo 5.1. de la ley de enjuiciamiento civil), es preciso aludir a la tutela jurisdiccional «del derecho a la igualdad de trato y no discriminación» (artículo 11 bis de la ley de enjuiciamiento civil)[323], a la pretensión procesal de tutela jurisdiccional «para la defensa del derecho a la igualdad de trato y no discriminación por razón de orientación e identidad sexual, expresión de género o características sexuales» (artículo 11 ter de la ley de enjuiciamiento civil)[324] y, en fin,

---

b) Como consecuencia de lo anterior, *the European way* (como opuesto a esa litigación abusiva) se caracterizaría por el establecimiento de una serie de garantías («*safeguards*», que los textos en español traducen por el término «salvaguardas», que creemos menos preciso y preferible). De ahí que las propuestas de la UE pretendan proporcionar un marco legal que se considera equilibrado para los intereses de todas las partes en conflicto, basados en una serie de elementos (en realidad, de opciones de política legislativa sobre esos elementos)». Gutiérrez de Cabiedes, P., *Acciones colectivas: pretensiones y legitimación*, en Acciones colectivas (Cuestiones actuales y perspectivas de futuro). Marcial Pons. Madrid 2018, pág. 27, 28

323. En esos casos la titularidad de la pretensión procesal se atribuye, «además de las personas afectadas y siempre con su autorización», a la «Autoridad Independiente para la Igualdad de Trato y la No Discriminación, así como, en relación con las personas afiliadas o asociadas a los mismos, los partidos políticos, los sindicatos, las asociaciones profesionales de trabajadores autónomos, las organizaciones de personas consumidoras y usuarias y las asociaciones y organizaciones legalmente constituidas que tengan entre sus fines la defensa y promoción de los derechos humanos, de acuerdo con lo establecido en la Ley integral para la igualdad de trato y la no discriminación» (artículo 11 bis de la ley de enjuiciamiento civil).

324. En esos casos la titularidad de la pretensión procesal se atribuye a «las personas víctimas de discriminación por razones de orientación e identidad sexual, expresión de género o características sexuales» y «además de las personas afectadas y siempre que cuenten con su autorización expresa» podrán ejercer la pretensión procesal «para la defensa del derecho a la igualdad de trato y no discriminación por razón de orientación e identidad sexual, expresión de género o características sexuales los partidos políticos, las organizaciones sindicales, las organizaciones empresariales, las asociaciones profesionales de personas trabajadoras autónomas, las asociaciones de personas consumidoras y usuarias y las asociaciones y organizaciones legalmente constituidas que tengan entre sus fines la defensa y promoción de los derechos de las personas lesbianas,

la pretensión procesal de tutela jurisdiccional «para la defensa de los derechos e intereses de los trabajadores por cuenta propia o autónomos del arte y la cultura» (artículo 11 quater de la ley de enjuiciamiento civil)[325].

---

gais, bisexuales, trans e intersexuales o de sus familias, de acuerdo con lo establecido en la Ley para la igualdad real y efectiva de las personas trans y para la garantía de los derechos de las personas LGTBI» aunque cuando se trate del ejercicio de pretensiones procesales difusas porque «las personas afectadas sean una pluralidad indeterminada o de difícil determinación» la pretensión procesal se atribuye «exclusivamente a los organismos públicos con competencia en la materia, a los partidos políticos, las organizaciones sindicales, las organizaciones empresariales, las asociaciones profesionales de personas trabajadoras autónomas, las asociaciones de personas consumidoras y usuarias y las asociaciones y organizaciones legalmente constituidas que tengan entre sus fines la defensa y promoción de los derechos de las personas lesbianas, gais, bisexuales, trans e intersexuales o de sus familias» (artículo 11 ter de la ley de enjuiciamiento civil).

325. En esos casos la titularidad de la pretensión procesal se atribuye a «las asociaciones de profesionales del sector artístico y cultural legalmente constituidas que tengan por objeto su defensa y protección, la de sus asociados y los de la asociación, así como de los trabajadores por cuenta propia o autónomos del arte y la cultura, siempre que cuenten con su autorización. También pueden plantear la pretensión procesal, las federaciones, confederaciones y uniones constituidas por estas asociaciones». En el caso en que «los trabajadores por cuenta propia o autónomos del arte y la cultura afectados sean una pluralidad indeterminada o de difícil determinación», la pretensión procesal de tutela jurisdiccional difusa se atribuye «exclusivamente a las entidades profesionales» sin perjuicio de que el Ministerio Fiscal pueda ejercitarla «en defensa de los intereses de los trabajadores por cuenta propia o autónomos del arte y la cultura' (artículo 11 quater de la ley de enjuiciamiento civil).

Bibliografía del autor que ha sido utilizada

Se ha utilizado como bibliografía la siguiente:

— *Tratamiento que tanto el Tribunal Europeo de los Derechos Humanos como el Tribunal Constitucional español otorgan a la garantía procesal del derecho a un proceso sin dilaciones indebidas,* en Revista uruguaya de derecho procesal, 3, 1985.

— *El problema de la administración de justicia en España.* Edición Instituto Vasco de Derecho Procesal. La edición fue posible a una subvención recibida del Departamento de Presidencia, Justicia y Desarrollo Autonómico del Gobierno vasco. San Sebastián 1989. ISBN: 84-8710801-6.

— *El proceso penal como sistema de garantías constitucionales,* en Revista uruguaya de derecho procesal, 1, 1991.

— *Manual de garantías jurisdiccionales y procesales del derecho. Organización judicial y principios rectores del proceso.* Dykinson. 1998. ISBN: 84-8155-401-4.

— *Comentario al artículo 5 de la ley de enjuiciamiento civil,* en *Comentarios a la nueva Ley de enjuiciamiento civil.* Directores: Antonio María Lorca Navarrete y Vicente Guilarte Gutiérrez. Lex Nova, 2000. 1ª Edición julio 2000. ISBN: 84-8406-207-4 (Obra completa). ISBN: 84-8406-208-2 (Tomo I). 2ª

Edición noviembre de 2000. ISBN: 84-8406-270-8 (Obra completa). ISBN: 84-8406-275-9 (Tomo I)[326] .

— *Derecho de la garantía de la función jurisdiccional. Garantismo procesal. Procesos especiales. División judicial de patrimonios y protección judicial del crédito.* Edición Instituto Vasco de Derecho Procesal. San Sebastián 2008. ISBN: 978-84-87108-52-5.

— *Estudios sobre garantismo procesal. El Derecho procesal conceptuado a través de la metodología del garantismo procesal: el denominado Derecho de la garantía de la función jurisdiccional.* Edición Instituto Vasco de Derecho Procesal en coedición con la Universidad Antonio de Nebrija y Dijusa. Libros Jurídicos. San Sebastián 2009. ISBN: 978-84-87108-57-0.

— *Poder Judicial ¿Garantía de la Potestad Jurisdiccional? ¡No invocar el Poder Judicial en vano!* La presente monografía se enmarca en el Proyecto de Investigación DER 2009 /11199 financiado por el Ministerio de Ciencia e Innovación: El Poder Judicial en el marco de una sociedad globalizada. Edición Instituto Vasco de Derecho Procesal en coedición con la Universidad Antonio de Nebrija y Dijusa. Libros Jurídicos. San Sebastián 2009. ISBN: 978-84-87108-60-0.

— *La garantía de la prueba de la causa petendi en el proceso civil. Algunas cuestiones jurisprudenciales.* Edición Instituto Vasco de Derecho San Sebastián 2010. ISBN: 978-84-87108-66-2.

---

326. Con la participación de Eusebio Aparicio Auñón, Coral Aragüena Fanego, Manuel Jesús Cachón Cadenas, María Pía Calderón Cuadrado, J. Carlos Castro Bobillo, Fernando Crespo Allué, Juan Damián Moreno, Andrés Domínguez Luelmo, Eduardo Font Serra, José Luis López del Moral, Manuel Lozano-Higuero Pinto, José María Martínez Santiago, José Martín Ostos, José Antonio Martín Martín, Ezequiel Osorio Acosta, Agustín-J. Pérez-Cruz Martín, Javier Pérez Martín, Joan Picó i Junoy, Íñigo Ramilo Rodríguez de Robles, Rosa Rodríguez Bahamonde, Abelardo Rodríguez Merino, Pablo Saavedra Gallo, Jesús Sáez González, Francisco Salinero Román, Juan Sancho Fraile, María Luisa Segoviano Astaburuaga, José María Tejerina Rodríguez, Fernando Toribios Fuentes, Antonio José Valencia Mirón, Joan Verger Grau, Juan Francisco Llanos Acuña, Vicente Guilarte Zapatero, Piedad González Granda, Alfonso González González, Ángel Marina García-Tuñón, Mario Martín García Guerra, Just Franco Arias, María de los Ángeles Gallego Mañueco.

— *Garantismo y proceso: una lectura peruana a propósito del garantismo como metodología de estudio del Derecho procesal,* en Proceso y Constitución. Ara Editores. Lima 2011.
— *Constitución y Poder Judicial. De la Potestad jurisdiccional constitucional como garantía constitucional a la garantía de la función jurisdiccional. I. La concreción de la garantía constitucional de la Potestad jurisdiccional constitucional como Poder Judicial y su ejercicio a través de la garantía procesal de la función jurisdiccional de los órganos jurisdiccionales.* Edición del Instituto Vasco de Derecho Procesal. San Sebastián 2012. ISBN: 978-84-87108-78-4.
— *El garantismo procesal como metodología para el estudio del Derecho procesal,* en Justicia civil y comercial: una reforma ¿cercana? Publicación realizada con el apoyo financiero de la Agencia Española de Cooperación Internacional para el desarrollo (AECID) y el soporte académico de la Pontificia Universidad Católica de Santiago (Chile), Universidad Diego Portales (Chile) y la Universidad del País Vasco /EHU (España). Santiago de Chile 2011. ISBN: 978-956-7183-36-4[327].
— *El denominado proceso justo,* en Constitución. Ley y Proceso. Ara Editores y universidad Andina del Cusco. Lima 2013. ISBN: 978-612-4077-58-6.
— *Constitución y garantía procesal de la carga de la prueba de la causa petendi. El modelo español y peruano* en Proceso y Constitución. Las garantías del justo proceso. Palestra. Lima 2013. ISBN: 978-612-4047-93-0.
— *La ejecución procesal. Las medidas cautelares. Los denominados procesos declarativos especiales y la protección judicial del crédito. Constitución y proceso civil. De la garantía*

---

327. Con la participación de Rodrigo Delaveau, Silvia Baeza, Juan Agustín Castellón, Arturo Oneray, Mauricio Duce, Felipe Marín, Claudio Fuentes, Nicolás Luco, Eduardo Jara, Cristian Rodríguez, Francisco Pinochet, Juan Enrique Vargas, Nancy de la Fuente, José Pedro Silva, Francisco Leturia, Cristobal Caviedes, Emanuel Ibarra, Raúl San Martín, Macarena Vargas y Pable Trigo. Prólogo de Arturo Yrarrázabal.

procesal a un proceso justo a un proceso con todas las garantías procesales. Edición del Instituto Vasco de Derecho Procesal. San Sebastián 2104. ISBN: 978-84-87108-88-4.

— *La responsabilidad constitucional de la norma procesal. Examen crítico de sus contenidos.* Edición del Instituto Vasco de Derecho Procesal. San Sebastián 2104. ISBN: 978-84-946636-2-8.

— *¿Justicia, Verdad Judicial o Proceso Justo? ¿Convergencia entre el civil law y el common law? La inutilidad de los conceptos de acción, jurisdicción o el atinente a las formas procedimentales,* en Revista vasca de derecho procesal y arbitraje, 2015.

— *Simplemente un proceso justo.* Edición del Instituto Vasco de Derecho Procesal. San Sebastián 2107. ISBN: 978-84-943371-9-2.

— *El acierto del tercero en discordia. Reflexiones sobre los argumentos que pretenden justificar el Derecho procesal en el logro de la denominada «justicia» o «verdad».* Edición del Instituto Vasco de Derecho Procesal. San Sebastián 2107. ISBN: 978-84-943371-4-7.

— *La constitucionalización del proceso,* Actualidad penal. Instituto Pacifico. Abril 2017, N° 34.

— *El juego de la verdad procesal* en Diario La Ley, N° 9308, Sección Tribuna, 28 de noviembre de 2018, Editorial Wolters Kluwer. LA LEY 13933/2018.

— *La constitucionalización del proceso,* en Revista del Instituto de la Judicatura Federal. Escuela Judicial. Consejo de la Judicatura Federal. Ciudad de México. 45, 2018.

— *El proceso justo, equitativo y de efectiva tutela.* Publicación del Instituto Vasco de Derecho Procesal. San Sebastián 2109. ISBN: 978-84-123759-4-7.

— *Poder Judicial, Administración del Poder Judicial, Postulación y Justicia.* Edición Instituto Vasco de Derecho Procesal. San Sebastián 2020. ISBN: 978-84-949459-2-2.

— *La huida de la ejecución de la Jurisdicción y su impulso procesal por el letrado de la administración de justicia responsable de la ejecución (Veinte años de aplicación de la ley de enjuiciamiento civil 2000-2020)*. Edición Instituto Vasco de Derecho Procesal. San Sebastián 2020. ISBN: 978-84-949459-6-0.

— *La persona procesal civil*. Edición instituto Vasco de Derecho Procesal. San Sebastián 2022. ISBN: 978-84-123759-4-7.

— *El debido proceso*. Edición Instituto Vasco de Derecho Procesal. San Sebastián 2022. ISBN: 978-84-126296-1-3.

— *Conceptos básicos del proceso civil (I) La pretensión procesal. Las partes procesales. La disposición del objeto del proceso y la competencia procesal*. Edición Instituto Vasco de Derecho Procesal. San Sebastián 2022. ISBN: 978-84-126296-0-6.

— *De la acción a la pretensión procesal*, en Revista vasca de derecho procesal y arbitraje, 2, 2024.

— *De la demanda con la que se ejerce el derecho de acción a la demanda con la que se podrá pretender tutela jurisdiccional*, en Revista vasca de derecho procesal y arbitraje, 3, 2024.

— *Conceptos básicos del proceso civil VII. Juicio ordinario. La digitalización del proceso. Demanda, contestación a la demanda y reconvención. Real Decreto-ley 6/2023, de 19 de diciembre, por el que se aprueban medidas urgentes para la ejecución del Plan de Recuperación, Transformación y Resiliencia en materia del servicio público de justicia, función pública, régimen local y mecenazgo*. Edición Instituto Vasco de Derecho Procesal. San Sebastián 2024. ISBN: 978-84-126296-9-9.

Breve reseña académica del autor

Director del Instituto Vasco de Derecho Procesal. Presidente de la Corte Vasca de Arbitraje. Catedrático de Derecho Procesal de la Universidad del País Vasco. Profesor de Derecho Procesal de las Universidades de Granada, Extremadura y Salamanca. Es doctor en Derecho por la Universidad de Granada con la máxima calificación de sobresaliente cum laude por unanimidad. Es, también, *Dottore in Giurisprudenza dell» Università degli Studii di Bologna* (Italia) con la máxima calificación de *cento sul cento dieci e lode*. Es premio *Avv. MARIO JACHIA* a la mejor *Tesi di Laurea* de su especialidad concedida por la *Universitá degli Studii di Bologna* (Italia). Ha sido Becario del REAL COLEGIO ALBORNOCIANO de San Clemente de los españoles Bologna (Italia). Becario de la DEUTSCHER AKADEMISCHER AUSTAUSCHDIENST y Becario de la ALEXANDER VON HUMBOLDT-STIFTUNG. Ha sido *Gastprofessor in der Juristischen Fakultät. Universität Konstanz - 1991* (Convenio firmado *Zwischen dem Land Baden - Württemberg, vertreten durch das Ministerium für Wissenschaft und Kunst, dieses vertreten durch die Universität Konstanz und Herrn Dr. Dr. Antonio Mª. Lorca Navarrete, Professor an der Universität del País Vasco, San Sebastián, Spanien). Bestätigung* acerca de su intervención en el *Seminarvortrag zum Thema Einzel - und Gesamtvollstreckung im spanischen Recht (3 Juli 1991. Juristischen Fakultät. Universität Konstanz).*

Ha sido profesor invitado de la Universidad de Génova (Italia) según consta en certificado expedido por el Prof. Sergio La China, *Professore Ordinario di Diritto Processuale Civile e di Diritto dell'Arbitrato nella Facoltà di Giurisprudenza dell'Università di Genova e Direttore dell'Istituto di Diritto Processuale Civile e dell'Arbitrato, por el que el Prof. Antonio María Lorca Navarrete è invitato dal cosidetto Istituto* (1994). Asimismo, *Il Prof. Antonio Mª. Lorca Navarrete è invitato da Prof. Sergio La China, Facoltà di Giurisprudenza (Italia) allo scopo di potere realizzare uno studio sulla recente riforma del Codice di procedura civile italiano* (1995).

Ha sido ponente del Seminario Administración de Justicia y reformas procesales organizado por la Universidad Menéndez Pelayo de Santander (1994).

Ha sido Profesor del Diploma de Especialización en Derecho Social (D.E.D.S.) organizado por la Universidad de Deusto (1994).

Ha dirigido las siguientes Tesis Doctorales:

— En fecha 10 de julio de 1992 se procedió a la lectura de la tesis doctoral **«GÉNESIS Y DESARROLLO DE LA BASE DECIMONOVENA DE LA LEY DE BASES DEL PROCEDIMIENTO LABORAL»**, defendida por Dn. Isidoro Álvarez Sacristán. Obtuvo la calificación de APTO CUM LAUDE por unanimidad. La tesis fue publicada por el Dr. Isidoro Álvarez Sacristán en la Editorial Montecorvo S.A. (1993) con el título *«El juicio oral en el proceso laboral»* con ISBN: 84-7111-319-8. El libro está prologado por el Prof. Dr. Antonio María Lorca Navarrete.

— En fecha 1 julio de 1994 se procedió a la lectura de la tesis doctoral **«LA TUTELA JURISDICCIONAL DE LOS INTERESES COLECTIVOS A TRAVÉS DE LA LEGITIMACIÓN DE LOS GRUPOS»**, defendida por Dn. Joaquín Silguero Estagnan. Obtuvo la calificación de APTO CUM LAUDE por unanimidad. La Junta de Gobierno de la Universidad del País Vasco en su sesión celebrada el día 15 de julio de 1996 aprobó la propuesta de conceder a la tesis doctoral el PREMIO EXTRAORDINARIO DE DOCTORADO correspondiente al año 1993-1994. La tesis fue publicada por el Dr. Joaquín Silguero Estagnan en la Editorial Dykinson (1995) con el título *«La tutela jurisdiccional de los intereses colectivos a través de la legitimación de los grupos»* con ISBN: 84-8155-128-7. El libro está prologado por el Prof. Dr. Antonio María Lorca Navarrete.

— En fecha 17 junio de 2002 se procedió a la lectura de la tesis doctoral **«ANÁLISIS DEL R.D. 636/1993 (UNA PROPUESTA DE LEGE FERENDA ACERCA DEL SISTEMA ESPAÑOL ARBITRAL DE CONSUMO»**, defendida por D. José Ángel Ruiz Jiménez. Obtuvo la calificación de SOBRESALIENTE CUM LAUDE por unanimidad. La tesis fue publicada por el Instituto Vasco de Derecho Procesal en coedición con Dijusa, Kutxa (obra social) y Universidad del País Vasco (2007) con el título *«Análisis crítico del Sistema Nacional Español de Arbitraje de Consumo»* con ISBN: 978-84-87108-42-6. El libro está prologado por el Prof. Dr. Antonio María Lorca Navarrete.

— En fecha 7 de noviembre de 2003 se procedió a la lectura de la tesis doctoral **«EL ARBITRAJE COMO MODELO DE JUSTICIA EN LA RESOLUCIÓN DE CONFLICTOS»**, defendida por Dn. Ramón Rivera Iturbe. Obtuvo la calificación de SOBRESALIENTE CUM LAUDE por unanimidad.

— En fecha 19 de diciembre de 2005 se procedió a la lectura de la tesis doctoral **«LA NATURALEZA JURÍDICA DE LAS JUNTAS ARBITRALES DE CONSUMO, SEGÚN EL REAL DECRETO 636/1993, DE 3 DE MAYO»** defendida por D. José Luis Rodríguez Rodríguez. Obtuvo la calificación de SOBRESALIENTE CUM LAUDE por unanimidad. La tesis fue publicada por el Instituto Vasco de Derecho Procesal en coedición con Dijusa y la Universidad Antonio de Nebrija (2006) con el título *«Origen, estructura y funcionamiento de las Juntas Arbitrales de*

Consumo» con ISBN: 84-87108-36-9. El libro está prologado por el Prof. Dr. Antonio María Lorca Navarrete.

— En fecha 7 de abril de 2006 se procedió a la lectura de la tesis doctoral **«LA MOTIVACIÓN Y LA RACIONALIDAD DEL VEREDICTO: UN ESTUDIO COMPARATIVO DE LA LEY ORGÁNICA DEL TRIBUNAL DEL JURADO»**, defendida por Dn. Enrique Vélez Rodríguez. Obtuvo la calificación de SOBRESALIENTE CUM LAUDE por unanimidad. La tesis fue publicada por el Instituto Vasco de Derecho Procesal en coedición con Dijusa y la Universidad Antonio de Nebrija 1ª Edición (2006) con el título *«La motivación y racionalidad del veredicto en el Derecho español y en el derecho norteamericano»* con ISBN: 84-87108-38-5 (1ª. Edición). La primera edición fue objeto del premio «obra jurídica del año» otorgado por el Colegio de Abogados de Puerto Rico. La segunda edición ampliada fue publicada en 2008 con ISBN: 978-84-87108-49-5. El libro está prologado en sus dos ediciones por el Prof. Dr. Antonio María Lorca Navarrete. Premio **«OBRA JURÍDICA DEL AÑO»** del Colegio de Abogados de Puerto Rico. Edición Instituto Vasco de Derecho Procesal. Dijusa Libros Jurídicos y Universidad de Nebrija. San Sebastián 2008.

— En fecha 7 de marzo de 2008 se procedió a la lectura de la tesis doctoral **«LA ALEGACIÓN PREACORDADA EN LOS ESTADOS UNIDOS: SU NORMATIVA, LA NECESIDAD DE SU REEVALUACIÓN Y SU RELEVANCIA PARA EL PROCESO DE REFORMA PENAL»**, defendida por Dn. Julio E. Fontanet Maldonado. Obtuvo la calificación de SOBRESALIENTE CUM LAUDE por unanimidad. La tesis fue publicada por el Instituto Vasco de Derecho Procesal en coedición con Dijusa y la Universidad Antonio de Nebrija (2008) con el título *«Plea bargaining o alegación preacordada en Estados Unidos: ventajas y desventajas. Una contribución al estudio de la conformidad en el proceso penal»* con ISBN: 978-84-87108-53-2. El libro está prologado por el Prof. Dr. Antonio María Lorca Navarrete.

— En fecha 21 de julio de 2008 se procedió a la lectura de la tesis doctoral «**LA INDEPENDENCIA E IMPARCIALIDAD DEL ÁRBITRO**», defendida por Dn. Carlos Alberto Matheus López. Obtuvo la calificación de SOBRESALIENTE CUM LAUDE por unanimidad. La tesis fue publicada por el Instituto Vasco de Derecho Procesal en coedición con Dijusa (libros jurídicos), Universidad Antonio de Nebrija y la Corte Vasca de Arbitraje (2009) con el título «*La independencia e imparcialidad del árbitro*» con ISBN: 978-84-87108-56-3. El libro está prologado por el Prof. Dr. Antonio María Lorca Navarrete.

— En fecha 16 de julio de 2010 se procedió a la lectura de la tesis doctoral «**ESTUDIO SUSTANTIVO Y PROCESAL DE LA LETRA DE CAMBIÓ EN LOS MODELOS NORTEAMERICANO, PUERTORIQUEÑO Y ESPAÑOL**», defendida por D. Roberto Vélez Colón. Obtuvo la calificación de SOBRESALIENTE CUM LAUDE por unanimidad.

— En fecha 8 de octubre de 2010 se procedió a la lectura de la tesis doctoral «**LA INTERVENCIÓN JURISDICCIONAL EN EL LAUDO ARBITRAL A TRAVÉS DE SU ANULACIÓN Y EJECUCIÓN FORZOSA**», defendida por Dª. Inés María Burlada Echeveste. Obtuvo la calificación de SOBRESALIENTE CUM LAUDE por unanimidad.

Ha formado parte del Tribunal calificador de las pruebas selectivas para la provisión de plazas de alumnos del Centro de selección y formación de Jueces y Magistrados convocadas por el Pleno del Consejo General del Poder Judicial de 7 de mayo de 1995.

Ha sido nombrado Magistrado Suplente de la Audiencia Provincial de San Sebastián para el año judicial 1985-1986. Ha sido nombrado Magistrado Suplente del Tribunal Superior de Justicia del País Vasco para el año judicial 1995/96.

El Poder Judicial del Perú y en su nombre el Dr. Ordoñez Alcántara, Presidente de la Corte Superior de Lima, le ha expedido certificado «en reconocimiento a su destacada labor como

Catedrático e Investigador en la disciplina procesal» (abril, 2016).

Ha recibido de la Universidad Nacional Mayor de San Marcos (Universidad del Perú Decana de América) la distinción JOSÉ MANUEL BARANDIARÁN que otorga la Facultad de Derecho y Ciencia Política a aquellas personalidades nacionales o extranjeras que han destacado en el desarrollo científico, académico y social (abril. 2015). Ha recibido la Medalla «INCA GARCILASO DE LA VEGA» por su excelente trayectoria personal, profesional y académica (marzo, 2017).

Ha sido investido **DOCTOR HONORIS CAUSA** por las Universidades Inca Garcilaso de la Vega de Lima (Perú, 2009), San Pedro Sula (Honduras, 2010), San Pedro (Perú, mayo 2011), Universidad Nacional de Trujillo (Perú, mayo 2011), Universidad Nacional del Santa (Perú, diciembre, 2013), Universidad Autónoma del Perú (Perú, octubre 2019) y Universidad Andina del Cusco (Perú, abril, 2021).

Nombrado «PROFESOR DISTINGUIDO» por la Universidad Nacional Mayor de San Marcos (Universidad del Perú, Decana de América). El Consejo Universitario de la Universidad Autónoma del Perú le ha otorgado la distinción honorífica de PROFESOR HONORARIO (mayo 2015). La Universidad Nacional de Barranca le ha conferido la distinción de PROFESOR HONORARIO de la citada Universidad «en mérito a su destacada labor profesional y académica en el campo del Derecho Procesal y del Derecho de Arbitraje» (Perú. Lima, abril 2016). Mediante Resolución N° 032-2020-R-UPNW de seis de marzo de 2020 la Universidad Norbert Wiener con sede en Lima (Perú) le otorgó la distinción de DOCENTE HONORARIO.

Ha obtenido medalla conmemorativa de la Universidad San Martín de Porres de Lima (Perú) con ocasión de su conferencia magistral sobre las «Cuestiones complejas del arbitraje» en el II. Curso anual de Postgrado en Técnica Arbitral (Lima-Perú. Octubre 2010). Ha sido nombrado Miembro de Honor del Colegio de Abogados de Trujillo (Perú, mayo 2011), del Colegio de Abogados del Santa (Perú, julio 2011) y del Colegio de Abogados de Lima (Perú, mayo 2012).

Asimismo, es Miembro de Honor del Centro de Estudios Internacionales «Carlos García-Bedoya Zapata» adscrito a la Facultad de Derecho y Ciencias Políticas de la Universidad de Trujillo (Perú, mayo 2011) y Miembro Consultivo Honorario del Taller de Investigación Jurídico Penal de la Facultad de Derecho y Ciencia Política de la Universidad Mayor de San Marcos (Lima, Perú). Es profesor invitado de honor de la Universidad Católica Los Ángeles (Perú, julio 2011). La Cámara de Comercio de Huancayo (Perú) ha instituido en su honor el «Instituto Arbitral Antonio María Lorca Navarrete». La Universidad San Martín de Porres le ha designado Miembro Honorario del Centro de Estudios en Derecho Constitucional de la Facultad de Derecho de la Universidad de San Martín de Porres (Perú. Lima, abril 2016).

Ha sido incluido como experto evaluador en la base de datos de la Agencia Nacional de Evaluación y Prospectiva (ANEP). Ha sido designado evaluador en la convocatoria pública de ayudas destinadas a financiar «Programas de apoyo a Proyectos de Investigación» de la Comunidad Autónoma de Castilla y León.

Ha participado como árbitro evaluador en la II, IV y VII. Edición de la Competencia Internacional de Arbitraje Comercial, organizada conjuntamente por la Facultad de Derecho de la Universidad Nacional de Buenos Aires (Argentina) y la Facultad de Jurisprudencia de la Universidad del Rosario (Bogotá, Colombia).

Ha formado parte del panel de expertos externos del Programa ACADEMIA para la Acreditación Nacional de Catedráticos y Profesores Titulares de Universidad dependientes de la ANECA.

Forma parte del directorio de evaluadores de la Oficina de Evaluación de la Investigación de la Pontificia Universidad Católica del Perú. PAR ACADÉMICO en orden a la evaluación de trabajos a publicar en la Revista de Derecho Procesal que edita el Instituto Colombiano de Derecho Procesal. Evalua-

dor Internacional nombrado por la Dirección de la Revista
VOX JURIS que publica la Facultad de Derecho de la Universidad San Martín de Porres (Perú). Evaluador externo de la
Revista DÍKÊ, Revista de Investigación en Derecho, Criminología y Consultoría Jurídica de la Benemérita Universidad Autónoma de Puebla (BUAP) en http://www.apps.buap.
mx/ojs3/index.php/dike; de la Revista de la Facultad de Derecho de la Universidad de la República (Uruguay); de la Revista Vía Iuris. Los Libertadores. Fundación Universitaria.
Web: http://revistas.libertadores.edu.co/; de la Revista THÉMIS Revista de Derecho de la Pontificia Universidad Católica del Perú. Web: http://themis.pe.
Ha sido responsable español del proyecto A/017353/08 y
A/029002/09 financiado por la Agencia Española de Cooperación Internacional para el Desarrollo (AECID) intitulado
«La reforma del proceso civil: un reto para el pueblo chileno
a la vista de la experiencia legislativa española» en coparticipación con la Pontificia Universidad Católica de Chile. Ha
sido investigador principal del Proyecto de Investigación sobre «El Poder Judicial en una sociedad globalizada» subvencionado por el Ministerio de Ciencia e Innovación. Clave:
DER 2009/11139. Periodo 2009/2012. Resolución de 15 diciembre de 2009 (BOE de 13 de abril de 2010).
Le han sido reconocidos **CUATRO SEXENIOS DE INVESTIGACIÓN** por la Agencia Estatal de Evaluación ANECA. La Universidad del País Vasco /EHU ha acordado **ASIGNARLE Y
CONSOLIDARLE** los **COMPLEMENTOS RETRIBUTIVOS
A1, B3, B2, B1, C2, C1**.
Es miembro de la Asociación Cardenal Albornoz de antiguos becarios del Real Colegio Albornociano de San Clemente de los
Españoles (*Reale Collegio di Spagna*) en Bolonia (Italia). Es
miembro de la Asociación Alexander Von Humboldt de España. La Junta Directiva de la Asociación Alexander Von Humboldt de España le otorga Diploma en su condición de miembro «y por sus méritos en favor del desarrollo y consolidación»
de la Asociación (septiembre 2016). Miembro de la asociación de antiguos becarios españoles en la República Federal

de Alemania de la D. A. A. D. (DEUTSCHER AKADEMIS-CHER AUSTAUSCHDIENST).
Ha sido Director del Curso de especialista universitario en resolución extrajudicial de conflictos mediante arbitraje. Título propio de la UNIVERSIDAD ANTONIO DE NEBRIJA impartido a través del Campus virtual en los Cursos Académicos 2008-2009/2009-2010. Ha sido Director Asociado del Master de Arbitraje Comercial Internacional que imparte la Universidad Internacional de la Rioja (UNIR).
Profesor de la Maestría en Derecho Procesal que imparte la Pontificia Universidad Católica del Perú.
Es Director de la Revista Vasca de Derecho Procesal y Arbitraje. La Revista Vasca de Derecho Procesal y Arbitraje ha merecido la concesión de la máxima categoría «A» en el año 2014 CARHUS Plus+ de revistas científicas elaborado por la «Agencia de Gestión de ayudas Universitarias y de Investigación» (AGAUR) (con Certificación ISO 9001:2008 en el ámbito de la gestión universitaria).
Es Miembro del Consejo editorial de la Revista General de Derecho Procesal editada por Iustel. Es Miembro del Consejo Consultivo de la Revista de la Facultad de Derecho de la Universidad César Vallejo con sede en Trujillo (Perú). Miembro del Consejo Académico de la Revista de Derecho Procesal Civil y Comercial (Argentina). Es Miembro del Comité Científico de la Revista de Semilleros del Instituto Colombiano de Derecho Procesal. Es Miembro del Consejo Editorial de la Revista *Vox Juris* de la Facultad de Derecho de la Universidad San Martín de Porres (Perú). Miembro del Comité Científico Internacional de la Revista «Manuel de Lardizábal y Uribe», Órgano del Taller Especializado en Ciencias Penales de la Facultad de Derecho de la Universidad Nacional Federico Villarreal (Perú). Forma parte del Comité consultivo de la revista jurídica institucional del Distrito Fiscal de Lima Sur CÁTEDRA FISCAL órgano de debate académico y de investigación creada por Resolución de la Presidencia de la Junta de Fiscales Superiores del Distrito Fiscal de Lima Sur N° 104-2016-MP-FN-PJFS-DFLS, de fecha 29 de febrero de 2016.

Es Director del Instituto Vasco de Derecho Procesal (http://www.institutovascodederechoprocesal.com/) y codirector del Capítulo peruano del Instituto Vasco de Derecho Procesal con sede en la *Universidad Norber Wiener* con sede en Lima. Es Presidente de la Corte Vasca de Arbitraje (http://www.cortevascadearbitraje.com/). Es árbitro en la Junta Arbitral de Consumo de Euskadi y árbitro de la Corte Vasca de Arbitraje. Miembro del Club Español del Arbitraje.

Es miembro del Alto Comité Consultivo de la Escuela Profesional de Derecho de la Universidad Autónoma del Perú mediante Resolución N° 142-2022-UA-FCHI/ DE.

Es miembro del Instituto Iberoamericano de Derecho Procesal.

Es miembro de la Asociación Internacional de Derecho Procesal (*International Association of Procedural Law*). Es miembro fundador de la *Red Iberoamericana de Investigación e Innovación Jurídica*.

Ha sido aludido en debates parlamentarios en el Congreso de los Diputados y el Senado (España).

Ha sido citado por la Corte Suprema del Perú (pág. 39). La sentencia está disponible en: https://media-exp1.licdn.com/dms/document/c4e1faqguik9eob6txq/feedshare-document-pdf-an alyzed/0?e=1601082000&v=beta&t=sxn_ptuor52kgve5cgta-c6h92h_ze uhrfmmkih_gtok.

Ha escrito numerosos artículos doctrinales en diversas Revistas de ámbito nacional e internacional; así como numerosos manuales o Tratados; como también numerosas monografías y participado en obras colectivas. Ha sido objeto de numerosas recensiones y citado por la jurisprudencia procesal española y extranjera.